안전한 암호화폐 투자 가이드

인생을 바꿔줄
핫코인 100

안전한 암호화폐 투자 가이드

인생을 바꿔줄
핫코인 100

최창환 박현영 강주현 조재석 지음

브레드&

추천사 〔가나다 순〕

미래 먹거리로 부상한 디지털 자산 시장과 블록체인 기술

2008년 글로벌 금융 위기가 진행되던 시기에 '비트코인'이라는 가상화폐가 등장했다. 각국 중앙은행이 '양적 완화'라는 이름으로 돈을 마구 찍어내자 기존 명목화폐에 대한 신뢰에 의구심이 들게 된 것이다. '화폐 = 국가의 독점 권한'이라는 등식이 흔들리게 되었다.

전 세계를 휩쓸고 있는 코로나 바이러스로 경제활동 전반에 걸쳐 '비대면(untact) 거래'가 대세가 되었다. 이전부터 진행되었던 디지털 혁명은 더욱 가속화되었고 이제 디지털 기술은 우리 경제생활의 모든 곳에서 핵심 역할을 하고 있다. 화폐도 예외는 아니어서 블록체인 등 디지털 기술에 바탕을 둔 디지털 자산이 대거 등장하였다.

여기에 최근 다시 시작된 각국 정부의 '돈 찍어내기'로 디지털 자산이 '안전하면서도 편리하고, 공급이 제한되어 가치가 보장된 자산'이라는 생각이 퍼졌다. 수요가 급증하였고 가격이 천정부지로 올라가고 있다.

비트코인, 이더리움 등 디지털 자산은 기존 금융 질서에 심각한 고민을 던져준다. 화폐전쟁, 지급 결제망 독점, 자금 세탁 방지, 금융 포용 등 거시적인 문제부터 도지코인에 열광하는 사회 문화적 밈(Meme) 현상까지 광범위한 숙제와 해법을 동시에 안겨준다.

금융이 200여 년 이상 풀어온 문제를 기술 영역이 불과 10여 년 만에 "이렇게도 해결할 수 있다"고 제시한 것이 비트코인이다. 여기서 파생된 디지털 자산은 이미 시장 규모가 2조 달러를 넘어섰다.

거부할 수 없는 흐름으로 자리 잡은 디지털 자산 시장에 진입하기 위해서는 저자들처럼 현장에서 뉴스를 다루는 영민한 기자들의 시각이 가장 정확할 것이다.

특히 최창환 소장은 2000년 초 일찍이 인터넷의 가치를 알아보고, 인터넷 언론사를 만든 사업가 기질을 가진 기자다. 최 소장이 블록체인 기술과 디지털 자산 시장을 전문으로 다루는 미디어를 창간한다고 했을 때, "뭔가 새로운 기운을 잡아냈구나" 생각했었다.

내 예상은 틀리지 않아서 최 소장이 집중적으로 다룬 디지털 자산 시장과 블록체인 기술은 우리나라 미래 금융 먹거리로 부상했다.

저자들의 탁견이 담긴 이 책을 통해 디지털 자산 시장에 입문한다면 적어도 세상의 흐름에서 뒤처지지는 않을 것이라 확신한다.

신제윤
전 금융위원장

추천사

디지털 자산 투자 공부를 시작하는 사람들에게 좋은 교과서가 될 책

이 책의 저자들은 블록체인 생태계를 취재하면서 좋은 기사를 많이 써온 기자들이다. 이 책은 디지털 자산이 새로운 자산이 되는 시기를 사는 이들에게 꼭 필요한 지도와 같은 책이라고 생각한다.

새로운 곳을 탐험하려면 지도와 나침반이 필요한 것처럼 디지털 자산 투자를 시작하는 사람들에게도 투자의 길을 알려주는 지도 역할을 할 수 있는 책이 필요하다.

평소 저자들이 써온 기사를 보면 이 책이 그러한 역할을 하리라 믿어 의심하지 않는다.

비트코인은 유전에서 원유를 생산해내는 기술과 비슷하다. 유전이 있다고 해서 모두 돈이 되는 건 아니다. 원유를 뽑아낼 수 있는 정보와 기술이 있어야 가치를 창출할 수 있다.

비트코인 같은 디지털 자산도 마찬가지다. 정보가 곧 돈이 되는 세상이다. 그 정보를 가치로 바꾸는 기술적인 해법을 보여준 첫 사례가 비트코인이고, 이를 뒷받침한 기술이 블록체인이다.

이름뿐이고 지속 가능한 가치를 창출할 수 없는 디지털 쓰레기와 가치가 지속적으로 상승하는 디지털 자산을 구분하여 좋은 투자를 하기 위해서는 다른 모든 분야에서 그러하듯 노력과 공부가 필요하다.

디지털 자산 투자 공부를 시작하는 사람들에게 좋은 교과서가 될 책이다. 바쁜 취재 일정에도 시간을 내어 좋은 책을 쓴 저자들에게 축하의 말을 전한다.

이정엽
블록체인법학회장, 서울회생법원 부장판사

추천사

세대 간 화합과 디지털 자산 시장의 건전한 발전을 도모하는 데 훌륭한 길잡이가 될 것

오랜 기간 은행에 몸담고 있으면서 금융의 변화와 혁신을 지켜볼 기회가 있었다. 이미 1980년대 후반에 은행 지점이 사라지는 시대가 곧 열릴 것이라고 예견하며 ATM과 인터넷 뱅킹을 선보인 글로벌 은행의 CEO가 있었다. 그러나 지금처럼 급격하게 기술이 금융을 대체하는 것을 보지는 못했다.

인터넷 뱅킹이 도입될 당시에는 은행 창구에 나올 수 없는 부득이한 경우에만 해당 서비스가 효용이 있을 것으로 생각했다. 완전히 틀린 생각이었다. 이제는 은행 지점이나 창구 직원 없이 100% 금융 서비스가 가능한 세상이다.

비트코인이 처음 세상에 나왔을 때, 몇몇 기술자들의 호기심이 만들어낸 발명품이라는 생각이 지배적이었다. 지금 그 발명품은 시가총액이 1조 달러가 넘는 거함이 됐다.

10년이 조금 지난 비트코인이 이런 비약적 발전을 했다면 앞으로 10년 후는 어떻게 될까. 나는 저자들의 책을 받아보고, 지금 여기에서 그 답을 찾을 수도 있겠다고 생각했다.

우리 금융산업은 커다란 기회와 감당할 수 없는 위험을 동시에 안고 있다. 모든 것이 디지털화하는 세상에서 익숙한 것, 관성으로 해온 것에만 집착한다면 스스로를 외로운 섬에 가두어 놓는 것과 마찬가지다.

내가 입고 있는 것을 버리고, 새로운 가상 세계도 경험해보고 디지털 금융 세계를 접해볼 필요가 있다.

특히 청년 세대는 디지털 금융과 디지털 자산 시장, 그리고 가상 세계의 새로운 주역이다. 기성 세대는 이들의 과감한 도전을 위험하게만 바라볼 필요가 없다. 오히려 함께 호흡하며 같은 곳을 바라본다면 디지털 자산의 세계를 신구 세대가 모두 공유할 수 있을 것이다.

이 책이 그러한 세대 간 화합과 디지털 자산 시장의 건전한 발전을 도모하는 데 훌륭한 길잡이가 될 것으로 생각한다. 저자들의 노고를 치하하며 독자들에게 기꺼이 이 책을 추천하는 바이다.

하영구
전 은행연합회장

서문
지금은 디지털 개척 시대, 코인러시

과거 미국에는 서부 개척 시대가 있었다. 골드러시! 미국 동부 사람들은 일확천금을 꿈꾸며 서부로 향했다. 금을 캐서 부자가 되자! 이들에게 물건을 팔아서 부자가 되자! 숙박업소를 차린 사람부터 청바지를 만들어 판 기업, 음식점과 술집을 연 사람 등등 너도나도 새로운 세상에서 큰돈을 벌기 위해 몰려들었다. 개척지 땅에 말뚝을 박아 경계를 치면 소유권이 인정됐다. 새로운 기회의 땅이 열린 것이다.

오늘날 이와 똑같은 일이 벌어지고 있다. 지금은 디지털 개척 시대, 코인러시라 할 만하다. 수많은 벤처기업, 혁신기업들이 디지털 세상에서 생태계를 만들고 코인을 쏟아내고 있다. 오프라인에서 온라인으로 몰려드는 사람들을 유혹해 큰 부를 만들려고 한다.

사람들이 가상의 공간 속으로 쏟아져 들어가는 모습을 짚어보자. 가상의 공간? 아니 가상이 현실인 세계가 다가오고 있다. 페이스북은 '오큘러스 퀘스트2'라는 VR(가상현실) 상품을 팔고 있다. 마치 내가 게임 속에 들어가 있는 것처럼 즐길 수 있는 200여 종의 게임을 제공한다. 나의 분신(부캐)이 총알이 쏟아지는 전쟁터에, 부킹을 할 수 있는 클럽에 들어가 즐기는 것이다.

페이스북은 가상 세계인 페이스북 호라이즌(Facebook Horizon)을 만들었다. 앞으로 사람들이 가상 세계로 출근해서 일하는 세상이 열릴 거라고 공언하고 있다. 네이버 제페토(ZEPETO)에서는 지난 2020년 블랙핑크가 팬사인회를 열었는데, 무려 5천만 명이 참여했다. 나의 아바타가 사인회에 참석해 블랙핑크의 아바타와 함께 즐기는 것이다.

제페토는 메타버스(Metaverse)다. 메타버스는 가상을 의미하는 메타(Meta)와 세계를 의미하는 유니버스(Universe)의 합성어로 가상 세계를 뜻한다. 이는 오프라인 세상에 익숙한 사람들에게는 가상 세계지만 디지털 세대에게도 그럴까? 최근 나스닥에 상장한 로블록스(Roblox)도 메타버스다. 새로운 세대는 이 메타버스 속 세상에서 친구들을 만나고 놀고 즐긴다. 아이템도 사고 화장도 하고 옷도 사 입는다. 게임 속 나의 아바타를 자기 자신으로 생각한다. '부캐'라는 단어를 쓰는데, 부캐가 아닌 나다. 무엇이 현실이고, 무엇이 가상인가? 인간의 정체성 자체가 진화하고 있다. 유발 하라리는 《사피엔스》에서 인간은 허구를 만들어 협동하면서 자연선택 없이 진화하는 최초의 동물이라고 설명했다.

스티븐 스필버그 감독은 영화 <레디 플레이어 원(Ready Player One)>을 통해 현실 세계와 가상 세계의 구분이 무너지고 두 세계가 통합되는 현상을 재미있게 묘사했다. 슬럼가 출신의 주인공과 친구들이 가상 세계와 현실을 넘나들면서 사랑과 우정으로 똘똘 뭉쳐 악덕 기업과의 목숨을 건 싸움에서 승리한다는 내용이다. 가상 세계에 대한 지배는 현실 세계에서의 부와 권력과 일치한다. 스필버그의 상상은 이미 현실이 되었다.

디지털 자산 시장에는 메타버스와 대체 불가능 토큰(NFT) 등 핫한 코인들이 무궁무진하다. 블록체인 기술로 가상 세상을 만들어 좌표를 구분해 돈을 받고 팔고 있다. 가상공간에서 땅을 사고파는 것이다. 백화점도 짓고, 게임도 만들고, 아레나를 만들어 음악회도 개최할 수 있다. 여기서 경제활동을 하려면 여기서 통용되는 코인을 사야 한다. 그래야 음악회도 가고 백화점에서 물건도 사고 게임도 할 수 있다.

이곳에 땅을 사서 백화점을 세우려는 개발자가 있다. "현실의 백화점은 하루에 10만 명이 오기도 힘들어요. 여기에 잘만 만들면 하루에 100만 명이 와도 끄떡없어요." 이 사람은 망상가인가? 사업가인가? 사기꾼인가?

이런 코인들이 부지기수다. 망상가일 수도 있고, 사업가일 수도 있고, 사기꾼일 수도 있는 수많은 사람들이 엘도라도를 찾아 몰려들고 있다. 서부 개척 시대의 환전상 대신 이들이 사용하는 코인을 프로그램으로 바꿔주는 탈중앙화 금융, 이른바 디파이(De-Fi, Decentralized Finance)가 성황을 이루고, 자체 코인까지 발행하고 있다.

블록체인 기술은 이러한 새로운 세상에서 경제활동을 지원하는 수단으로 자리 잡고 있다. 현실 세계의 기축통화가 달러이고 안전 자산이 금이라면, 비트코인은 디지털 세상, 가상 세계, 메타버스를 연 어머니고 정신적인 중심이다.

지난 3년간 우리 저자들은 디지털 세상의 변화와 그 변화의 동력이 되는 코인들을 깊이 있게 취재해왔다. 디지털 자산 시장은 아직 확실한 주인이 없는 새로운 세상이다. 누구나 여기에 소개한 최신 코인들을 이용해 그 세상의 주인이 될 수 있다.

디지털 세계에서 최신은 3개월, 길어야 6개월이다. 너무나 빨리 변하고, 새롭고 놀라운 아이디어들이 넘쳐난다. 신세계를 여행하는 안내서로 이용해주면 좋겠다.

웰컴 투 더 뉴 월드! 디스 이즈 더 디지털 월드!(Welcome to the New World! This is the Digital World!)

박현영, 강주현, 조재석 등 공동 저자를 대표하여
최창환 씀

차례

추천사	5
서문	11
이 책을 사용하는 법	20
좋은 코인 고르는 법	23

1부 글로벌 핫코인 Top 90

시가총액 1위	비트코인(Bitcoin) BTC	34
	핵심정보 비트코인이 없어질 수 없는 이유?!	37
시가총액 2위	이더리움(Ethereum) ETH	40
	핵심정보 이더리움이 뭐길래 비트코인을 이긴다고?!	43
시가총액 3위	바이낸스코인(Binance Coin) BNB	46
	핵심정보 DEX(탈중앙화 거래소)를 알아야 돈이 보인다	48
시가총액 4위	리플(Ripple) XRP	51
	핵심정보 스테이블 코인의 종류와 쓰임새는?	53
시가총액 5위	테더(Tether) USDT	56
	핵심정보 알트코인에 투자해야 하는 이유!	58
시가총액 6위	도지코인(Dogecoin) DOGE	62
시가총액 7위	카르다노(Cardano) ADA	64

시가총액 8위 폴카닷(Polkadot) DOT	66
핵심정보 돈 되는 하드포크?!	68
시가총액 9위 라이트코인(Litecoin) LTC	70
시가총액 10위 비트코인캐시(Bitcoin Cash) BCH	72
핵심정보 알트코인 살 때 꼭 알아야 할 다섯 가지	74
시가총액 11위 유니스왑(Uniswap) UNI	77
핵심정보 디파이(De-Fi, 탈중앙화 금융), 이 정도는 알아야 투자한다	79
시가총액 12위 체인링크(Chainlink) LINK	81
시가총액 13위 비체인(VeChain) VET	83
시가총액 14위 유에스디코인(USDcoin) USDC	85
시가총액 15위 스텔라루멘(Stellar Lumens) XLM	87
핵심정보 대체 불가능한 토큰(NFT, non-fungible token)	89
시가총액 16위 쎄타(THETA) THETA	92
시가총액 17위 파일코인(Filecoin) FIL	94
시가총액 18위 트론(TRON) TRX	96
시가총액 19위 랩트비트코인(Wrapped Bitcoin) WBTC	98
시가총액 20위 솔라나(Solana) SOL	100
시가총액 21위 모네로(Monero) XMR	102
시가총액 22위 테라(Terra) LUNA	104
시가총액 23위 클레이튼(Klaytn) KLAY	106
시가총액 24위 이오스(EOS) EOS	108
시가총액 25위 아이오타(IOTA) IOTA	110
시가총액 26위 비트코인SV(BitcoinSV) BSV	112
시가총액 27위 크립토닷컴체인(Crypto.org Chain) CRO	114
시가총액 28위 이더리움클래식(Ethereum Classic) ETC	116
시가총액 29위 다이(Dai) DAI	118

시가총액 30위	코스모스(Cosmos) ATOM	120
핵심정보	벌집계좌. 내 계좌인데 내 것이 아니라고?!	122
시가총액 31위	토르체인(THORChain) RUNE	124
시가총액 32위	바이낸스 USD(Binance USD) BUSD	126
시가총액 33위	FTX 토큰(FTX Token) FTT	128
시가총액 34위	에이브(Aave) AAVE	130
시가총액 35위	비트토렌트(BitTorrent) BTT	132
시가총액 36위	테조스(Tezos) XTZ	134
시가총액 37위	아발란체(Avalanche) AVAX	136
시가총액 38위	네오(Neo) NEO	138
시가총액 39위	알고랜드(Algorand) ALGO	140
시가총액 40위	쿠사마(Kusama) KSM	142
핵심정보	스캠(사기) 코인 피하는 다섯 가지 체크리스트!	144
시가총액 41위	넴(NEM) XEM	148
시가총액 42위	후오비 토큰(Huobi Token) HT	150
시가총액 43위	메이커(Maker) MKR	152
시가총액 44위	팬케이크스왑(PancakeSwap) CAKE	154
시가총액 45위	칠리즈(Chiliz) CHZ	156
시가총액 46위	대시(Dash) DASH	158
시가총액 47위	비트코인 BEP2(Bitcoin BEP2) BTCB	160
시가총액 48위	홀로(Holo) HOT	162
시가총액 49위	디크레드(Decred) DCR	164
시가총액 50위	지캐시(Zcash) ZEC	166
핵심정보	국내 거래소에 없는 알트코인을 사는 세 가지 방법	168
시가총액 51위	컴파운드(Compound) COMP	171
시가총액 52위	스택스(Stacks) STX	173
시가총액 53위	헤데라해시그래프(Hedera Hashgraph) HBAR	175

시가총액 54위	엔진코인(Enjin Coin) ENJ	178
시가총액 55위	우누스세드레오(UNUS SED LEO) LEO	181
시가총액 56위	질리카(Zilliqa) ZIL	183
시가총액 57위	더그래프(The Graph) GRT	185
시가총액 58위	신세틱스(Synthetix) SNX	187
시가총액 59위	니어프로토콜(NEAR Protocol) NEAR	189
시가총액 60위	엘론드(Elrond) EGLD	191
시가총액 61위	보이저 토큰(Voyager Token) VGX	193
시가총액 62위	스시스왑(SushiSwap) SUSHI	195
시가총액 63위	폴리곤(Polygon) MATIC	197
시가총액 64위	쎄타퓨엘(Theta Fuel) TFUEL	199
시가총액 65위	베이직어텐션토큰(Basic Attention Token) BAT	201
시가총액 66위	셀시우스(Celsius) CEL	203
시가총액 67위	테라USD(TerraUSD) UST	205
시가총액 68위	펀디엑스(PundiX) PUNDIX	207
시가총액 69위	와이언 파이낸스(Yearn.finance) YFI	209
시가총액 70위	하모니(Harmony) ONE	211
시가총액 71위	넥소(Nexo) NEXO	213
시가총액 72위	레이븐코인(Ravencoin) RVN	215
시가총액 73위	덴트(Dent) DENT	217
시가총액 74위	아이콘(ICON) ICX	219
시가총액 75위	디센트럴랜드(Decentraland) MANA	221
시가총액 76위	퀀텀(Qtum) QTUM	224
시가총액 77위	비트코인골드(Bitcoin Gold) BTG	226
시가총액 78위	온톨로지(Ontology) ONT	229
시가총액 79위	유엠에이(UMA) UMA	231
시가총액 80위	헬륨(Helium) HNT	233

시가총액 81위 제로엑스(0x) ZRX	235
시가총액 82위 시아코인(Siacoin) SC	237
시가총액 83위 OMG네트워크(OMG Network) OMG	239
시가총액 84위 웨이브즈(Waves) WAVES	242
시가총액 85위 방코르(Bancor) BNT	244
시가총액 86위 플로우(Flow) FLOW	246
시가총액 87위 디지바이트(Digibyte) DGB	248
시가총액 88위 팬텀(Fantom) FTM	250
시가총액 89위 스위스보그(SwissBorg) CHSB	252
시가총액 90위 리베인(Revain) REV	254

2부 꼭 알아야 할 K코인 10

은성수 코인	258
온더(Onther) TON	261
아하(AHA) AHT	263
아로와나(Arowana) ARW	265
라인링크(LINK) LN	268
페이코인(Paycoin) PCI	271
위믹스(WEMIX) WE	273
밀크(MiL.K) MLK	276
보라(Bora) BORA	278
썸씽(SOMESING) SSX	280

이 책을 사용하는 법

디지털 자산 시장에 존재하는 코인은 전 세계적으로 3천~5천 개 정도다. 이 많은 코인 중에 투자 가치가 있고, 미래를 바꿔줄 대상을 가려내는 일은 쉽지 않다. 저자들은 우선 시가총액 상위 100개 코인 중에서 기술성, 사업성, 가격 등을 기준으로 90개 코인을 선정하였다.

코인별 소개에 앞서 저자들이 이 세 가지 관점에서 한 줄 평을 썼다. 블록체인, IT, 암호화폐 전문 기자로서 평소 생각한 바를 중심으로 일종의 투자 의견을 제시한 것이다. 독자들이 코인 투자에 앞서 가이드로 삼아주면 좋겠다.

특히 가격에 대해 Overweight(비중 확대), Neutral(보유), Underweight(비중 축소) 등 3단계로 평가를 내렸다. '비중 확대'는 현 가격대라면 코인을 더 사도 좋겠다는 뜻이다. '보유'는 현 가격대라면 계속 보유하고 있는 것을 추천한다는 의미다. '비중 축소'는 가격이 다소 높으니 투자 비중을 좀 줄일 것을 권고하는 것이다.

이 책은 크게 세 가지 방법으로 읽을 수 있다.

첫째, 코인 투자에 필요한 기초 지식, 시장의 트렌드, 최소한의 기술적 설명 등을 담은 12개의 팁을 먼저 읽는다. 각 팁의 앞뒤로 관련 토큰에 대한 설명이 나오도록 편집했다. 예를 들어, 대체 불가능한 토큰(NFT) 관련 팁을 읽고 난 후에 쎄타 토큰에 대한 글을 읽는 식으로 활용할 수 있다.

둘째, 시가총액이 큰 순서로 90개의 코인을 나열했기 때문에 그 순서대로 읽는다. 코인 초보자라면 중간중간 나오는 팁과 병행해서 읽어도 좋다. 블록체인, IT 기술을 어느 정도 알고 있는 독자라도 시장의 트렌드를 파악하려면 팁을 꼭 읽을 것을 권한다.

셋째, 코인 투자 단계에 돌입한 후에는 수시로 이 책을 펼쳐서 "최초 투자 당시의 매력 포인트"가 무엇이었는지 상기하는 데 사용한다. 코인은 가격 진폭이 다른 투자자산보다 훨씬 크다. 투자를 시작하면 "내가 왜 이 코인을 샀는지" 자칫 잊어버리는 수가 있다. 가격이 너무 올라서도 그렇고, 가격이 급격하게 조정받을 때도 그렇다. 초심을 잃지 않기 위해 이 책을 꼭 곁에 두기를 제안한다.

마지막으로 국산 코인 중 10개를 별도로 뽑았다. 아직 시총 100위에 들지는 못했지만 국내외에서 주목받고 있는 'K코인'이다.

저자들은 기본적으로 저널리스트다. 따라서 비판적인 시각으로 문제가 있는 코인에 대해서도 언급했다. 이런 코인은 쳐다보지도 말라는 뜻으로 사기성이 짙은 코인 사례도 함께 실었다.

디지털 자산 시장은 이제 막 시장의 모습을 갖춰가는 중이다. 성장성이 큰 만큼 시류에 편승하는 사기와 기만도 조심해야 한다. 저자들이 이 책을 쓴 이유 중 하나이기도 하다.

진흙 속에서 진주를 찾기 위해서는 밝은 눈을 가져야 한다. 시장 태동기부터 현장을 취재하며 단련된 저자들의 경험과 지식이 독자 여러분에게 유익한 길잡이가 됐으면 하는 바람이다.

좋은 코인 고르는 법
- 저자 방담

최창환 소장: 디지털 자산, 암호화폐, 가상자산 등 여러 이름이 있지만 우리는 '코인'이라는 말로 통일합시다. 좋은 코인을 고르는 법에 관해 이야기할 텐데요.

우리가 이 책을 쓰면서 기술성, 사업성, 가격 측면에서 한 줄 평을 달았잖아요. 각자 어떤 관점에서 점수를 주신 건가요?

박현영 기자: 사실 이런 팁을 얘기하는 건 늘 어려운데요. 사업적 성과가 가장 중요한 기준이라고 봅니다.

그보다 앞서 코인 투자를 어떻게 할 것인지 정해야 한다고 생각합니다. 발행된 지 얼마 안 된 코인을 거래소 상장 전에 직접 투자할 것인지, 아니면 거래소에 상장된 후 코인을 사고파는 일반적인 투자를 할 것인지에 따라 '좋은 코인을 고르는 법'은 완전히 달라집니다.

거래소 상장 전의 코인 투자에 대해서는 별도의 책을 써도 될 만큼 복잡한 테크닉(?)이 필요한데요. 그건 다음 기회에 말씀드리기로 하고, 거래소 상장 후 투자에 초점을 맞춰 보겠습니다.

거래소에서 코인을 구매하는 일반적인 투자를 하려면, 사업 성과를 기준으로 삼아야 한다고 생각합니다.

다수의 블록체인 프로젝트들이 블록체인 기술을 통해 세상을 바꾸려는 원대한 목표를 지니고 있는데, '목표가 얼마나 멋진지'보다는 목표에 다가서기 위해 확보한 '고객사가 하나라도 있는지'를 살펴봐야 합니다.

예를 들어 암호화폐 및 블록체인 기술로 결제 시스템을 혁신하겠다는 프로젝트가 있다면 시스템을 어떻게 설계했는지, 목표는 어떤지 볼 것이 아니라 해당 프로젝트의 결제 기술을 쓰는 대기업 고객사가 하나라도 있는지 봐야 합니다. 결국에는 그런 고객사들이 수요를 창출하고, 수요가 암호화폐 가격 상승을 견인하기 때문입니다.

최: 그런 관점은 주식 투자하고도 유사하네요. 이상이 아니라 내실이라는 거죠?

강주현 기자: 박 기자 말에 동감합니다. 어떤 코인의 사업성이 좋으냐를 판단하려면 저는 코인 백서(설계도)를 꼭 읽어야 한다고 생각해요. 자기 사업과 기술을 알리는 사업설명서니까요.

백서는 해당 코인 개발사 홈페이지나 커뮤니티에서 쉽게 구할 수 있는데요. 백서에 있는 프로젝트의 구성원, 기술 구조, 사업 구조 등을 꼼꼼히 봐야겠죠. 해당 프로젝트 커뮤니티는 물론 유명한 암호화폐 인플루언서들이 있는 코인 커뮤니티에 가입하는 것도 방법입니다.

다른 투자자들과의 의견 교류를 통해 사업 전망 등을 판단하는 것이 좋습니다. 그래야 '벼락거지'의 길을 피할 수 있습니다.

최 : 벼락거지요? 벼락부자가 아니고요? (일동 웃음)

저도 여러 기자들이 쓴 기사와 분석 자료를 보다 보면, 코인과 연관된 기술적 용어들이 너무 어려워요. 어떤 코인이 어떤 기술을 쓰기 때문에 우월하다, 이걸 판단하기가 쉽지 않아요.

조재석 기자 : 기술적인 요소는 사실 조금만 공부해보고, 열심히 기사를 따라가다 보면 윤곽을 잡을 수는 있어요. 저는 코인 투자에서 제일 중요한 요소는 성장 가능성이라고 봅니다.

해당 코인을 활용하는 블록체인 프로젝트의 사업 성장 가능성을 최우선으로 파악해야 한다는 거죠.

박 기자의 생각과도 비슷한데요. 미안하지만 너무 멀리 공을 차는 팀은 신뢰가 가지 않습니다. 예를 들어, 제2의 페이스북을 만들겠다든지, 유통 사업의 구조를 혁신하겠다고 주장하는 프로젝트는 마음속으로만 조용히 응원합니다. 꿈은 원대한데, 현시점에서 투자를 단행하기엔 현실성이 크게 떨어진다는 거죠.

이미 대중에게 자리 잡은 대표적인 서비스를 대체하기란 결코 쉬운 일이 아닙니다. 우리는 기술 혁명을 하자고 덤비는 것이 아니라 투자를 하려는 거잖아요.

속도와 편의성 측면에서 기존 서비스보다 현저히 떨어지는 코인 프로젝트라면 그들이 얘기하는 '혁명'은 더더욱 어려운 일입니다. 현실적으로 가능한 수준에서 청사진을 제시하는 블록체인 프로젝트에 투자하는 편이 마음 편합니다.

최 : 아, 기자 여러분들이 생각보다는 보수적이네요. 저는 일정 수준 이상의 큰 꿈을 꿔야 한다고 생각하는데요. 그걸 차근차근 만들어가는 코인이 멋진 거 아닙니까?

박 : 투자는 현실이니까요. (웃음) 최 대표님도 2000년에 인터넷 미디어를 처음 만드셨을 때 이상만 가지고 뛰어드신 것은 아니잖아요?

최 : 그때는 무엇인가에 강한 끌림 같은 게 있었어요. 현실도 현실이지만요. 인터넷이 세상을 바꿀 수 있다는 믿음 같은 거요. 블록체인 기술과 비트코인에 대해 듣게 되었을 때도 비슷한 영감이 떠올랐습니다. 그 결과물이 지금의 블록미디어이고, 프로메타 투자연구소죠. 아직 갈 길이 멀지만, 블록체인과 코인은 분명 잠재된 에너지가 있어요.
 이상을 하나하나 만들어가고 있거든요. 내재 가치가 없다는 주장도 있지만, 가상 공간과 탈중앙 금융 같은 것은 실체를 만들어가고 있잖아요. 이런 영역에 사용되는 코인은 투자 가치가 있다고 봅니다.

박: 대표님 말씀에 동의합니다. 기술은 이상 실현의 도구죠.

　기술적 측면이 강한 블록체인 플랫폼 프로젝트들을 보면 대부분이 최초의 플랫폼인 이더리움보다 기술적으로 얼마나 뛰어난지를 내세웁니다. 하지만 이더리움은 범접할 수 없을 정도로 많은 앱을 확보하고 있기 때문에 더 좋은 성능의 플랫폼들이 나와도 흔들리지 않죠. 이미 현실의 벽이 있어요.

　여기서 '앱'이 앞서 말한 '고객사'의 개념입니다. 플랫폼에는 앱이 고객이니까요. 따라서 클레이튼, 폴카닷, 테조스, 트론 등 블록체인 플랫폼 프로젝트에 투자할 때도 기술적으로 얼마나 뛰어난지 판별하기 전에 앱들 사이에서 수요가 있는지, 고객사가 있는지를 봐야 합니다.

강: 결국 가장 중요한 건 '자기 주관'이라고 생각해요. 자기 주관이 뚜렷해야 시시각각으로 변하는 코인 판에서 수익을 얻을 수 있습니다.

　특히 초보 투자자들은 더더욱 먼저 자기만의 투자 가치관을 정립하는 게 중요할 것 같아요. 그래야 펌핑과 덤핑이 난무하는 수많은 세력의 장난질 속에서 돈을 잃지 않죠.

최: 펌핑과 덤핑… 가격을 인위적으로 끌어올리고, 치고 빠지는 거죠? 주식 시장의 세력들처럼요.

강: 맞습니다. 취재하는 저희 입장에서도 현기증이 나는 경우가 있

거든요. 언제 매수할지, 언제 매도할지 타이밍을 제대로 정하려면 그런 휘둘림에 초연해야 합니다.

'자기 주관'이 확실하면 "스캠이라도 돈이 될 수 있다"는 건 코인 판에서 정설로 통하거든요.

자기만의 투자관을 만들려면 공부는 필수겠죠. 많은 이들이 단순히 코인 판이 호황이라는 말에 혹해서 아무것도 모르고 뛰어들었다가 돌아섭니다.

최근 은성수 금융위원장, 이주열 한국은행 총재 등은 "암호화폐는 내재 가치가 없고 가격 변동성이 심하며 투자 손실은 본인이 감당해야 한다"라는 점을 누누이 강조했습니다. 나라에서도 보호해주지 않겠다고 대놓고 선을 긋는 이상 내 돈은 내가 지킬 수밖에 없죠.

최 : 그래서 우리가 이런 책을 기획하게 된 것이기도 합니다. 제대로 알고 코인 투자를 하자는 거죠.

박 : 코인 시장은 아직 자리가 잡히지 않은 초기 시장이잖아요. 비상식적인 일이 자주 발생합니다.

사업 성과를 보고 투자할 코인을 골랐더라도, 성과가 하나도 없는 프로젝트의 코인 가격이 오를 때도 있습니다.

예를 들어 넴(NEM)이라는 코인은 지난 2019년 재단이 파산 위기에 처했다는 보도가 쏟아졌지만 코인 가격은 급등했습니다. 도지코인도 사업적 성과를 낼 수 있는 기업 자체가 없는데 테슬라 창업자 일론 머스크와 일부 팬덤들로 인해 가격이 올랐죠.

문제는 이런 경우에 매몰되어서 비상식적으로 오를 만한 코인만 찾아다녀서는 안 된다는 것입니다. 주변에 파산 직전의 코인으로 큰 수익을 낸 사람이 있더라도, 코인을 고르는 자신만의 기준이 흔들려선 안 됩니다.

또 가끔 1,000% 같은 믿기 힘든 상승 폭을 보이는 코인이 등장하곤 하지만, 그런 특수한 경우에 매몰되어서 수백 퍼센트대 수익률만 노려서도 안 됩니다. 수익률을 5~10%만 내도 충분하다는 것을 늘 인지해야 하는 거죠.

정리하자면, 암호화폐 시장의 비상식적인 사례를 보고도 흔들리지 않는 게 가장 중요합니다. 투자의 원칙을 고수하셨으면 좋겠습니다.

조: 팬덤에 대해서 저는 이렇게 생각합니다. 팬덤이 가격을 부풀리는 경향이 있지만, 그것도 가격을 구성하는 하나의 요소가 아닐까요?

팬덤과 커뮤니티는 다릅니다. 커뮤니티는 단순히 시세 차익을 목적으로만 형성되는 경우도 많아요. 하지만 팬덤은 해당 서비스가 추구하는 방향에 동의하며 이를 즐기고 애용하는 사람들 사이에 형성됩니다. 팬덤은 사업이 성장하는 데 결정적인 원동력이 되곤 해요.

최근 유행하는 도지코인도 밈(Meme)이라는 강한 결속력으로 팬덤이 형성된 경우죠. 물론 밈만으로 좋은 코인이 될 수는 없겠지만 강력한 팬덤을 기반으로 사업성까지 확보한 암호화폐들은 충분한 성장 가능성이 있다고 봅니다.

박: 앗, 조 기자님이 도지코인 지지자인 줄은 몰랐네요. (웃음)

조: 도지 투 더 문(doge to the moon; 도지코인 가격이 달까지 상승한다는 구호)! (일동 웃음)

최: 코인은 역시 젊은이의 열정과 이상에 어울리는 투자처네요. 저도 2000년대 초 인터넷 미디어를 만들 때 여러분과 같은 열기 속에서 힘든 줄도 모르고 일했거든요.
　지금도 마찬가지입니다. 새로운 도전은 마음을 불편하게 하지만, 도전하는 사람만이 느끼는 즐거움이 있거든요. 세대를 떠나 여러분 같은 젊은 기자들과 제가 이런 책을 만들고, 공통의 주제를 놓고 토론할 수 있다는 것 자체가 기쁨입니다.
　코인 투자가 젊은이들만의 특권은 아니에요. (웃음) 전 지구적으로, 전 세대를 걸쳐, 공간적, 시간적 제약을 넘어 새로운 것을 꿈꾼다는 점에서 코인 투자는 누구나 시도해볼 만한 일이라고 생각합니다. (일동 웃음과 박수)
　그럼 오늘 이야기는 이것으로 마무리하고 본격적으로 책 속으로 들어가보시죠.

최창환(12개의 팁 집필)

박현영(시총 1~31위, 밀크, 보라, 썸씽 집필)

강주현(시총 32~61위, 라인링크, 위믹스, 페이코인 집필)

조재석(시총 62~90위 , 온더, 아하, 아로와나 집필)

1부
글로벌 핫코인 Top 90

시가총액 **1위**

비트코인(Bitcoin) BTC

기술성: ★★★★★   **사업성: 평가 불가(사업 주체 없음)**
가격: Overweight(가치 저장 수단, 결제 수단으로도 부상한 명실상부한 대장 코인. 아직도 상승 여력이 크다)

블록체인 기술을 기반으로 만들어진 최초의 암호화폐이다. 2009년 1월, 사토시 나카모토(Satochi Nakamoto)라는 가명을 쓰는 사람이 개발했다. 비트코인을 발행하는 행위는 PoW(Proof of Work, 작업증명) 방식으로 '채굴'한다고 표현한다. PoW란 특정 숫자(이를 해시값이라고 함)를 찾기 위해 반복적으로 계산한다는 뜻이다. 연산 수행을 통해 블록(Block)을 생성하는데, 이것이 '채굴'이다. 채굴을 하면 채굴자에게는 보상으로 비트코인이 주어진다.

비트코인은 2000년대 초반부터 2008년까지 이어진 전 세계적 경제 위기, 금융 위기 속에서 탄생하였다. 사토시가 비트코인 블록체인의 제네시스 블록(첫 번째 블록)에 새긴 메시지는 다음과 같다.

"2009년 1월 3일 더타임스: 은행들의 두 번째 구제금융을 앞두고 있는 U.K 재무장관"

사토시가 이 같은 문구를 새긴 이유가 비트코인을 만든 이유이기도 하다. 경제 위기가 발발하자 돈을 찍어내는 방식으로 대응했던 금융 당국을 비판한 것이다. 사토시는 이를 해결하고자 중앙기관(정부, 중앙은행)의 간섭을 받지 않는 탈중앙화 기반의 P2P(개인 간 거래) 화폐인 비트코인을 만들었다.

이후 암호화폐 거래소가 생겨나고, 거래소에서 거래되기 시작한 비트코인은 2017년 20배 이상 가격이 급등하며 전 세계적으로 붐을 일으켰다. 하지만 한화 2,500만 원 선까지 치솟았던 가격은 이내 400만 원까지 폭락했고, 그 뒤 2년여 동안 그다지 주목받지 못했다. 그러다 2020년 코로나19 확산 이후 가치 저장의 대체 수단이자 투자 수단으로 주목받으며 다시 한번 가격 상승이 일어났다. 2021년 4월 현재는 한화 8,000만 원대에 육박하고 있다.

2020년 비트코인이 부활하기 시작한 데에는 기관투자자 및 대기업의 영향도 컸다. 마이크로스트레티지(Microstrategy) 같은 기업이 비트코인에 현금을 투자하기 시작했고, 그레이스케일(Grayscale) 같이 기관투자자의 비트코인 투자를 돕는 자산운용사가 생겼다. 2021년 초 테슬라가 대대적인 비트코인 투자를 선언하면서 비트코인 붐에 불을 지폈다. 비트코인 발행량이 2,100만 개로 정해져 있는 만큼, 수요가 공급을 앞지를 것으로 예상되기 때문에 앞으로도 비트코인은 투자 수단으로 주목받을 전망이다.

최근에는 투자 수단뿐만 아니라 결제 수단으로도 주목받고 있다. 2020년 10월 세계적인 결제기업 페이팔(PayPal)이 비트코인 결제를 지원한다고 밝히면서 비트코인을 결제 수단으로 쓸 수 있을지에 관한 논의가 부상했다. 현재는 여러 기업들이 결제 시 비트코인을 법정화폐로 즉시 전환할 수 있도록 지원하면서 비트코인이 결제 수단으로 쓰이는 사례가 늘고 있다. 또 베네수엘라 등 화폐 시스템이 탄탄하지 않은 일부 국가에서는 비트코인을 결제 수단으로 활발히 이용하는 추세다.

핵심정보
비트코인이 없어질 수 없는 이유?!

비트코인 회의론자들이 가장 많이 하는 두 가지 비판이 있다. (정부를 포함해) 아무도 가치를 보장해주지 않으며, 실체가 없다는 것이다. 결론은 그래서 없어질 거라고 말한다.

공교롭게도 '실체가 없고 아무도 가치를 보장해주지 않는다'는 내용은 비트코인이 추구하는 핵심 가치다. 다음은 비트코인 백서의 첫 문장이다.

"A purely peer-to-peer version of electronic cash would allow online payments to be sent directly from one party to another without going through a financial institution(순수한 개인 대 개인 버전의 전자 화폐는 금융기관을 거치지 않고 한 쪽에서 다른 쪽으로 직접 전달되는 온라인 결제를 실현한다)."

코드로만 존재하고, 정부를 포함해 아무도 가치를 보장해주지 않지만, 참여자들이 스스로 가치를 보장한다. 코딩으로 이뤄진 '신뢰 없는 신뢰'가 비트코인의 본질이다. 정부, 중앙은행, 금융기관을 배제하면서 탄생했다. 비트코인이 살아남으려면 비트코인을 신뢰하고 참여하는 사람들이 많으면 된다.

비트코인은 블록체인 위 참여자의 51% 이상이 합의하면 과거의 기록과 새로운 거래를 검증한다. 검증 내용을 블록으로 만들고 또 검증해 새로운 거래를 모으고 체인처럼 연결해서 또 블록을 생성한다. 마지막 거래를 바꾸려면 과거의 모든 기록을 다 바꿔야 한다. 참여자가 많아지고 거래가 누적될수록 비트코인은 점점 더 강해진다. 이 참여자를 노드(node)라고 부른다. 노드 모두가 기록하기 때문에 특정 노드를 없애도 다른 노드들이 기록을 가지고 있다. 비트코인이 점점 강화되고 없어지지 않는 이유다.

비트코인을 강하게 만든 주인공은 역설적으로 각국 정부와 중앙은행들이다. 미국 연준(FED)을 보자. 2008년 금융 위기 직전 1조 달러도 안 되던 연준의 자산이 지금은 8조 달러에 육박하고 있다. 연준은 달러를 찍어 미국 국채를 매입한다. 자산 대부분이 국채다. 자산이 늘어났다는 얘기는 달러를 찍었다는 얘기와 같다. 2020년부터 4조 달러가 풀렸고 앞으로도 얼마나 더 풀릴지 모른다. 바이든 행정부가 팬데믹 위기 극복, 인프라 확대를 위해 달러를 마구 풀고 있다. 돈을 가지고 있는 사람들은 불안하다. 돈은 많이 찍으면 '똥'이 된다. 세계에서 가장 큰 헤지펀드 창시자 레이 달리오(Ray Dalio)는 "현금은 쓰레기야"라고 했다. 기축통화인 미국 달러가 최근 강세를 보이고 있지만, 그 이유는 다른 나라도 돈을 마구 찍어 뿌리고 있기 때문이다. 자신이 가지고 있는 부를 지키고자 하는 사람들이 비트코인을 주목하는 이유다. 비트코인은 총 발행량이 2,100만 개로 한정돼 있고 4년마다 신규 발행량을 줄이고 있다. 공급이 일정한데 수요가 늘어나면 가격은 오른다. 살아남았고 오른다는 사실을 10년 동안 보여줬다. 사람들이 비트코인 진영에 합류할수록 비트코인은 더 강해진다.

비트코인은 다양한 쓰임새로 우리 삶 속에 파고들고 있다. 정치 상황이 불안해지고 통화 가치가 흔들리는 나라들은 비트코인 프리미엄이 치솟는 현상을 경험한다. 베네수엘라, 이란, 터키, 나이지리아 등 일일이 꼽기도 쉽지 않다. 해킹당하지 않고, 보관하기 쉽고, 세관을 통과해 가지고 나가기 쉽다. 세계 어디를 가서도 꺼내 쓸 수 있다. 비트코인을 '디지털 금'이라고 하는데, 금보다 훨씬 편리하다. 아랍 일부 국가의 여성들은 비트코인을 좋아한다. 그들이 은행 계좌를 만들려면 남편이나 아버지, 오빠, 남동생 등 남자 이름으로 만들어야 한다. 내 돈이 내 돈이 아닌 것이다. 그러나 전화기만 있으면 비트코인으로 받을 수 있다. 비트코인으로 받으면 내 돈이다.

정부의 공격을 비트코인에 대한 위협으로 생각하는 사람들이 많다. 가격에 위협은 될 수 있지만 없앨 수는 없다. 이미 금융 소외자들과 금융 낙후 지역에서 광범위하게 받아들여지고 있기 때문이다. 최근에는 미국 대형 금융기관과 일론 머스크 등 유명인의 투자가 대중의 참여를 확대시키고 있다.

지금의 컴퓨터와 비교할 수 없을 만큼 계산 속도가 빠른 양자 컴퓨터가 나오면 해킹이 가능하다는 주장도 있다. 창과 방패의 문제다. 양자 컴퓨터가 한 대라면 모를까, 양자 컴퓨터 기술이 보편화되면 역시 양자 컴퓨터가 노드가 되니 해킹은 불가능해진다. 하늘이 무너질까 봐 걱정하는 것과 비슷하다.

시가총액 **2위**

이더리움(Ethereum) ETH

기술성: ★★★★★　　사업성: 평가 불가(사업 주체 없음)

가격: Overweight(수많은 앱이 이더리움을 기반으로 개발되고 있다. 그 앱들이 사라지지 않는 한, 그리고 이더리움 2.0이 출시를 앞두고 있는 한 여전히 상승 여력이 크다)

이더리움 블록체인은 최초의 '블록체인 플랫폼'이다. 스마트 콘트랙트(Smart Contract) 기능을 구현해 블록체인을 기반으로 애플리케이션을 개발할 수 있도록 했다. 이더리움 블록체인에서 쓰이는 암호화폐가 이더리움(ETH)이다. 이더리움 블록체인과 암호화폐 이더리움(ETH) 모두 '이더리움'으로 불리기 때문에 구별해야 한다. 이더리움의 창시자는 러시아 출신의 비탈릭 부테린(Vitalik Buterin)으로, 이더리움 백서를 썼던 당시 만 19세였다.

최초의 블록체인인 비트코인 블록체인이 플랫폼으로 기능하지 못했던 것은 비트코인을 구성하는 컴퓨터 프로그램 언어 때문이었다. (반복 명령어를 쓸 수 없는 튜링 불완전성을 띠고 있기 때문. 이런 용어는 사실 잘 몰라도 된다.) 블록체인을 기반으로 앱(App)을 만들려면 특정 명령문을 반복적으로 쓸 수 있어야 하는데, 비트코인 블록체인은 이런 기능을 지원하지 않는다. 앱은 사용자가 실제로 쓸 수 있는 응용 프로그램이다.

반면 이더리움 블록체인은 완전히 다른 컴퓨터 프로그램 언어로 만들어졌다. '솔리디티(Solidity)'라는 것인데, 반복 명령문을 지원한다. 솔리디티를 쓰면 특정 조건에 부합할 경우 계약이 자동으로 실행되는 '스마트 콘트랙트'를 구현할 수 있다. 솔리디티로 계약 금액, 조건 등을 미리 코딩해두고 조건에 부합하는 시기가 오면 계약이 실행되는 방식이다. 코드 실행을 위해서는 이더리움 블록체인 상거래 수수료를 내야 한다. 이를 가스(Gas)라고 한다. 가스는 암호화폐 이더리움(ETH)으로 내게 된다.

블록체인을 기반으로 만들어진 앱은 일반적으로 탈중앙화 애플리케이션, 이른바 디앱(DApp, Decentralized Application)이라고 통칭한다. 이더리움 기반 디앱들은 앱 내 암호화폐로 이더리움(ETH)을 쓰거나, 이더리움 블록체인에서 제공하는 토큰 발행 표준을 이용해 자체 토큰을 발행할 수 있다.

표준은 또 다른 형태의 프로그램이라고 이해하면 된다. 대표적인 것이 'ERC-20'이다. 최근 주목받고 있는 '대체 불가능한 토큰(NFT, Non-Fungible Token)'을 지원하는 ERC-721 등이 있다. NFT란 토큰 1개의 가격이 일정한 일반적인 암호화폐와 달리, 각각의 암호화폐가 고유한 가치를 지니는 것을 말한다.

자체 토큰을 발행하지 않고 앱(서비스) 내 암호화폐로 이더리움(ETH)을 쓰는 경우는 디파이(De-Fi, 탈중앙화 금융) 분야에 많다. 블록체인 스마트 콘트랙트를 기반으로 금융 서비스를 구현한 디파이의 경우, 서비스 내 기축통화로 이더리움(ETH)을 쓴다. 2020년 디파이 붐이 일면서 이더리움(ETH)에 대한 수요가 높아져 가격이 상승하기도 했다.

기존 이더리움은 PoW 합의 알고리즘을 기반으로 하지만, 현재 PoS(Proof of Stake, 지분증명) 합의 알고리즘 기반의 '이더리움 2.0'을 개발하고 있다. PoS는 해당 암호화폐를 보유하고 있는 지분율에 비례해 암호화폐를 보상받는 것을 말한다. PoS 알고리즘 기반 이더리움이 나오면 현 이더리움의 문제점으로 지적되는 느린 거래 속도, 확장성 부족 문제 등이 해결될 전망이다.

핵심정보
이더리움이 뭐길래 비트코인을 이긴다고?!

이더리움이 비트코인을 따돌리고 최고의 암호화폐로 등극할 수 있다는 분석이 종종 나온다. 2020년부터 이더리움의 가격 상승률이 비트코인을 앞서면서 설득력이 커지고 있다.

이더리움이 뭘까? 이더리움은 전 세계를 연결하는 하나의 컴퓨터이자 프로그램이고 네트워크다. 비트코인이 도입한 블록체인에 스마트 콘트랙트(조건이 맞으면 계약이 자동 체결되는 것)를 도입했다.

이더리움을 대지의 여신 '가이아(지구)'에 비유하면 이해하기 쉬울 듯하다. 모든 것은 대지 위에서 자라난다. 대지 위에서 사계절이 순환하고, 생명이 삶과 죽음을 반복한다. 그리고 진화를 통해 많은 생명이 발전한다. 그리스 신화에서도 대지의 여신 가이아는 모든 신의 조상이다.

넓게 보면 신들이 만든 인류의 조상이기도 하다. 가이아의 품에서 봄이 오면 싹이 트고 꽃이 피고 가을에는 열매가 열린다. 자연의 법칙처럼 이더리움에도 법칙이 있다. 스마트 콘트랙트다.

이더리움은 수많은 알트코인(Altcoin)의 어머니다. 생명이 대지에 깃들듯이, 수많은 프로젝트가 이더리움의 스마트 콘트랙트를 이용해 태어났다. 비트코인류(비트코인과 비트코인XX)를 제외한 대부분의 알트코인들의 뿌리는 이더리움이라고 할 수 있다.

　이더리움은 비탈릭 부테린이란 천재가 만들었다. 사토시 나카모토는 블록체인을 이용해 비트코인을 만들었다. 국가나 은행 등 중앙 신뢰기구가 없는 탈중앙화된 화폐를 꿈꿨다. 이더리움은 비트코인의 탈중앙화 정신에 계약 기능을 집어넣었다. 바로 스마트 콘트랙트다. 누구나 이더리움 네트워크상에서 이더리움이 제공하는 툴을 가지고 정해진 룰에 따라 작동하는 프로젝트를 만들 수 있다.

　예를 들어보자. "사업가 A에게 어떤 사업계획이 있다. 이 사업에 투자하고 싶으면 언제까지 이더리움을 입금해라. 그러면 투자 대가로 코인 A를 1이더당 10개씩 주겠다. 이 사업을 하려면 100이더가 필요한데 정해진 기일까지 100이더를 모으지 못하면 투자 원금은 돌려주겠다. 앞으로 A코인은 총 얼마를 발행하겠다. 해당일까지 계획대로 투자가 이뤄지면 투자자들에게 A코인이 지급되고 미달할 경우 이더를 돌려준다. 계약대로 자동으로 이행된다."

　지금 설명한 사례가 크게 유행했던 ICO(Initial Coin Offering, 암호화폐공개)다. 코인을 이용해 투자 자금을 모으는 것이 ICO다. 이더리움은 이 모든 것이 가능하도록 지원해주는 프로그램이고 네트워크다. 여기서 사용하는 암호화폐를 이더 또는 이더리움이라고 한다.

　최근에 핫한 디파이, NFT(대체 불가능한 토큰) 대부분이 이더리움의 스마트 콘트랙트를 이용하고 있다.

　카르다노(ADA), 솔라나(SOL) 등 이더리움에 도전하는 블록체인도 나오고 있다. 이더리움이 지구라면, 다른 곳들은 달나라나 화성이라고 하면 지나친 비유일까? 조금은 지나친 비유지만 맥락은 통한다.

아직 이더리움은 느린 속도, 비싼 이용료 등 개선해야 할 부분이 많다. 개발자들은 계속해서 아이디어를 내고 시간표에 따라 프로그램을 개선하고 있다. 이더리움이 블록체인 관련 사업의 가이아로 확실히 자리매김한다면 그 가치가 비트코인을 능가할 수도 있다.

시가총액 **3위**

바이낸스코인(Binance Coin) BNB

기술성: ★★★　　**사업성:** ★★★★★

가격: Neutral(소각 구조로 상승 여력이 남았다는 평가도 있지만, 2020년 이후 너무 급상승한 면도 있다. 다만 바이낸스가 사업성이 뛰어난 거래소라는 점은 계속 눈여겨봐야 할 요소)

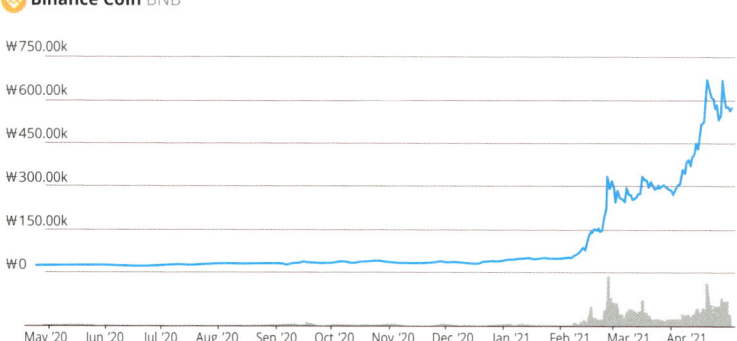

2021년 4월 기준 세계 최대 가상자산 거래소인 바이낸스의 거래소 토큰이다. 기존 거래소 토큰들은 거래소 내 수수료로 쓰이는 것 외에 다른 사용처를 마련하지 못해 실패했지만, 바이낸스코인은 사용처를 꾸준히 늘림으로써 성공했다는 평가를 받는다.

바이낸스코인을 쓸 수 있는 사용처는 다양하다. 바이낸스에서 거래 수수료를 지불하는 데 사용하는 것은 물론, 바이낸스에서 출시한 암호화폐 결제 카드 '바이낸스 카드'나 크립토닷컴 같은 암호화폐 결제 서비스에서 결제 수단으로 활용할 수 있다. 또 바이낸스의 토큰 판매 플랫폼 '런치패드'에서 토큰을 구매하려면 바이낸스코인을 보유해야 한다.

바이낸스가 자체 블록체인 플랫폼 '바이낸스 스마트체인'을 출시하면서 스마트체인상 기축통화로도 바이낸스코인이 쓰인다. 이더리움 블록체인의 기축통화로 이더리움(ETH)이 쓰이는 것과 비슷한 원리다. 기존에는 디앱(DApp) 프로젝트들이 대부분 이더리움 블록체인을 기반으로 앱(서비스)을 개발했지만, 최근에는 저렴한 수수료와 빠른 거래 속도를 찾아 바이낸스 스마트체인을 많이 택하는 추세다.

바이낸스는 자체 탈중앙화 거래소인 바이낸스 덱스(Binance DEX)도 출범한 바 있다. 바이낸스코인은 바이낸스 덱스에서도 기축통화로 쓰인다.

바이낸스코인은 거래소 토큰 중 이례적으로 글로벌 시가총액 순위 3위까지 올라섰는데, 가격이 꾸준히 상승한 데에는 사용처뿐 아니라 '소각'의 영향도 있다. 소각이란 유통되는 코인 중 일부를 영구적으로 제거해 코인의 전체 공급량을 줄이는 것을 말한다. 공급량이 줄어들므로 가격 상승에 영향을 줄 수 있다.

바이낸스는 1억BNB가 소각될 때까지 매 분기마다 소각 절차를 거치며, 이는 전체 발행량인 2억BNB의 절반에 해당한다. 소각되는 BNB의 수량은 거래소의 3달간 거래량에 기반한다. 거래량이 늘수록 더 많은 BNB를 소각하는 구조다.

핵심정보

DEX(탈중앙화 거래소)를 알아야 돈이 보인다

암호화폐를 거래할 때는 흔히 중앙화된 거래소를 생각한다. 업비트, 빗썸 등 국내 거래소나 나스닥에 상장한 코인베이스 등이 유명한 거래소다. 국내 거래소는 이메일을 제출하고 주민등록증, 여권 등을 통해 신분을 확인하고 나서야 거래할 수 있다.

중앙화된 거래소를 이용할 때는 화면을 보고 매도호가와 매수호가가 움직이는 호가창(오더북)을 보면서 거래한다. 주식을 매매하는 것과 거의 같다. 이런 거래소들은 은행이나 증권 등 기존 금융기관과 같은 기능을 한다.

금융기관 서버에 고객의 장부를 보관하고 거래를 중개하면서 수수료를 받는다. 디지털 자산 시장에는 전혀 다른 거래소도 있다. 바로 덱스(DEX, Decentralized Exchange), 즉 탈중앙화 거래소다.

DEX는 암호화폐 지갑만 있으면 이용할 수 있다. 내 이메일을 노출할 필요도 없고 신분을 밝힐 이유도 없다. 프로그램으로 만든 시장을 열어놓고 두 거래 상대방(P2P)의 거래 조건이 맞으면 자동으로 거래를 성사시켜준다.

DEX가 정해놓은 계약 조건에 따라 수요와 공급에 의해 계약이 자동으로 체결된다. 시장에서 수요가 많으면 가격이 올라가고 공급이 많으면 가격이 내려가는 원리를 프로그래밍한 거래소다. 내 자금이나 암호화폐를 거래소에 맡겨놓지 않고 필요할 때는 언제든지 거래소에 지갑을 연결해 거래할 수 있다.

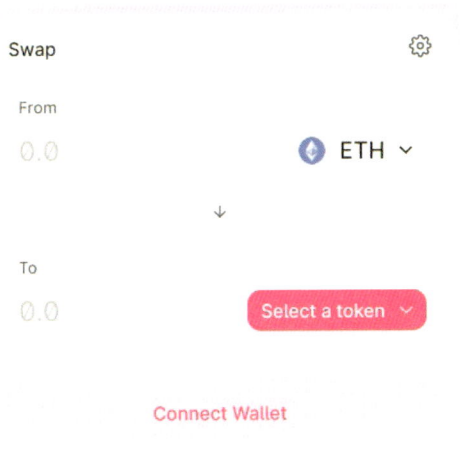

[유니스왑 거래 화면]

 DEX를 이용해 돈을 버는 방법은 크게 두 가지다. 하나는 DEX 발행 코인 중 유망한 코인을 발굴해 매입하는 것이다. 두 번째는 DEX를 통해 중앙화 거래소에 상장되지 않은 유망한 코인을 구매하는 방법이다. 다양한 투자 경로를 확보하고 투자 대상 자산을 넓힐 수 있다.

 DEX는 자체 코인이 있다. 거래소에 관한 의사결정에 참여할 수 있는 거버넌스 토큰을 발행한다. DEX의 대장 격인 유니스왑(UNI)이 대표적이다. 시가총액 규모는 라이트코인(LTC)을 뛰어넘는다.

 금융기관에 가면 직원들이 많다. 본점에 지점에 전산 인력, 관리 인력 등등 평균 연봉이 억대에 달하는 경우가 대부분이다. 그러나 DEX

에는 고객을 만나면서 급여를 받아가는 직원들이 없다. 개발자가 대부분이고 일부 관리자가 있을 뿐이다. 억대 연봉과 건물 유지 등에 들어가는 돈이 고객과 코인 보유자의 몫으로 돌아간다. 전 세계 사람들이 고객이다.

  지금은 초기라서 거래 속도도 느리고 수수료도 비싼 편이지만, 시간이 흐를수록 고객 인터페이스도 좋아지고 속도도 빨라지고 있다. 기존 암호화폐 거래소도 DEX를 만들고 있다. 공존하면서 서로 접근하고 있는 것이다. DEX도 고객 편의를 위해 오더북 도입을 추진하고 있다.

시가총액 **4위**

리플(Ripple) XRP

기술성: ★★★   사업성: ★★(소송 이슈 등 해결해야 할 문제 많음)
가격: Neutral(해외 송금이라는 좋은 목표를 가지고 탄생했고, 그만큼 팬덤도 많지만 SEC와의 소송이라는 치명적 이슈가 있다. 퇴사자들이 보유한 XRP를 대량 매도하는 것도 문제)

리플(XRP)은 해외 송금을 위해 탄생한 암호화폐다. 국제 은행 간 결제 시스템(스위프트, SWIFT)을 이용해 송금하면 송금 시간이 최대 3~4일 정도 걸리고 수수료도 비싸지만, 블록체인 네트워크를 통해 송금하면 시간과 비용을 크게 절약할 수 있다. 보다 더 효율적인 송금을 목표로 하는 암호화폐가 리플이다.

리플은 리플랩스라는 회사에서 발행 및 운영을 담당하고 있다. 사용자로 구성된 커뮤니티가 관리하는 비트코인, 이더리움과 달리 중앙화된 암호화폐라는 비판도 받았다.

하지만 비판에도 불구하고 리플사의 송금 네트워크 '리플넷'은 전 세계 은행과 제휴를 맺으며 사용처를 늘려왔다. 이 같은 소식으로 암호화폐 리플에 투자하는 국내 투자자 수가 늘기도 했다. 다만 은행이 리플넷을 사용한다고 해서 반드시 암호화폐 리플을 사용하는 것은 아니다.

2020년 말, 리플은 미국 증권거래위원회(SEC)와의 소송으로 위기를 맞았다. SEC는 리플을 미등록 증권으로 보고, 리플사와 CEO인 브래드 갈링하우스(Brad Garlinghouse), 공동 창업자인 크리스 라센(Chris Larsen)을 상대로 소송을 제기했다. 2021년 4월 현재 소송이 진행 중이며, 리플랩스 측은 암호화폐 리플이 비트코인, 이더리움 같은 탈중앙화 암호화폐이며 증권이 아니라고 주장하는 중이다.

향후 전망을 예측하려면 반드시 소송 이슈가 해결돼야 한다. 만약 리플이 증권으로 간주될 경우 미국 내 암호화폐 거래소에선 리플을 거래할 수 없다. 암호화폐 거래소 대부분이 증권 거래 라이선스가 없기 때문이다.

핵심정보
스테이블 코인의 종류와 쓰임새는?

스테이블 코인은 가격이 안정적(stable)으로 거의 변하지 않는 암호화폐다. 가격 변동성이 크다는 암호화폐의 단점을 보완하기 위해 만들었다. 해외 송금을 예로 들어보자.

거래소에 있는 비트코인을 미국으로 송금한다고 하자. 0.001비트코인 정도의 수수료만 내면 미국으로 몇 시간 안에 송금할 수 있다. 내 지갑에서 상대방 지갑 주소로 보내면 끝이다. 은행을 통한 송금은 2~3일이 걸리고 수수료도 최대 5% 정도 발생한다. 은행들이 송금 은행 수수료, 전신환 비용, 중개 은행 수수료, 현지 은행 취급 수수료 등 각종 명목으로 수수료를 챙긴다. 암호화폐로 해외 송금을 하는 게 훨씬 값싸고 빠르다.

암호화폐 송금도 단점이 있다. 가격 변동이 심하다는 것이다. 미국에 있는 사람이 갑자기 1,000달러가 필요하다고 해서 비트코인을 보냈는데 가격이 급락해 800달러가 됐다면 낭패를 당하게 된다. 떨어질 거라고 생각하여 1,200달러어치 비트코인을 보내기도 좀 그렇다. 가격이 올라서 1,500달러가 됐다면 의도치 않게 많은 돈을 보내게 된다.

결제나 투자 등의 영역에서도 가격 변동성은 암호화폐의 약점이다. 물건값이 마구 변한다면 거래를 할 수 없다. 이런 약점을 보완하기 위

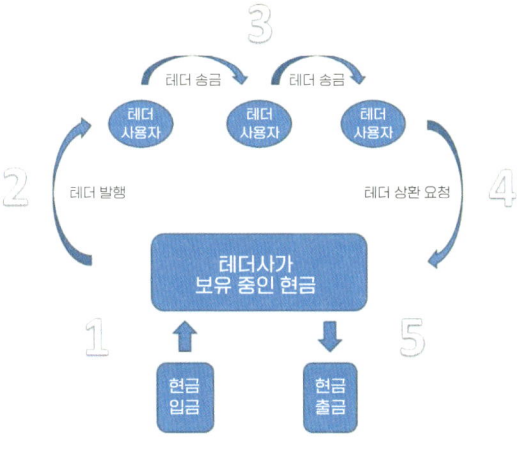

[테더 백서]

해 스테이블 코인이 등장했다.

　스테이블 코인 중 가장 규모가 큰 테더 백서에 나오는 스테이블 코인 발행 방법이다. 백서는 암호화폐를 설명해놓은 안내서라고 보면 된다. 피아트 머니(중앙은행이 발행 관리하는 법정화폐)를 테더사에 넣고 그만한 액수의 암호화폐(테더)를 발행한다. 법정화폐에 가격을 고정시키는 것이다. 달러에 고정시킨 게 암호화폐 테더, 약자로는 USDT다. 100달러를 넣고 100USDT를 받아 송금하면 USDT를 받은 사람은 다시 테더사에 USDT를 주고 100달러를 받아가면 된다. 1달러가 1USDT다.

　코인이란 단어에서 알 수 있듯이 스테이블 코인은 블록체인 위에서 만들어졌다. 따라서 중간에 수수료를 떼는 금융회사가 없다. 빠른 시간에 송금하고 이체하는 암호화폐의 장점은 고스란히 유지하면서 가격 변동이라는 약점은 없앤 것이다.

송금 외에 부동산이나 상품 등의 거래 대금 지급, 비트코인이나 이더리움의 거래 대금 지급 등에도 사용할 수 있다. 테더사를 통해 유로나 엔 등 다른 법정화폐와 고정된 암호화폐를 발행하는 것도 가능하다. 다른 법정화폐를 예치하고 대응하는 암호화폐를 발행하면 된다.

스테이블 코인에는 세 종류가 있다. 첫째는 USDT처럼 법정화폐를 담보물로 하는 방식이다. 블록체인 기술 회사 서클사가 같은 방식으로 발행하는 USDC도 있다. 이 방식에는 약점이 있다. 달러를 보유하고 있는 중앙화된 회사(테더사 등)를 어떻게 믿느냐는 문제다. 테더사는 담보물 없이 USDT를 발행해 비트코인 가격을 조작했다는 의심을 받았다.

두 번째는 암호화폐를 담보물로 하는 방식이다. 이더리움(ETH) 등을 담보로 하는 메이커다오(MakerDAO)의 다이(DAI)가 대표적 사례다. 다이도 1다이가 1달러에 연동되는 스테이블 코인이다. 이더리움 등 암호화폐를 넣으면 다이를 주는 구조다. 이더리움은 암호화폐라 가격이 떨어질 수 있기 때문에 담보물의 가격이 하락하는 위험을 대비해 150다이 상당의 암호화폐를 담보로 잡고 100다이를 내준다.

암호화폐의 가격이 담보 가치 이하로 떨어질 위험이 있으면 자동으로 처분해서 다이를 회수하도록 프로그램되어 있다. 다이도 스테이블 코인이기 때문에 쓰임새가 다양하다. 오아시스(Oasis)라는 앱을 통해 거래와 송금을 할 수 있다. 유니스왑과 컴파운드에서 환전과 이자 농사 등 디파이(De-Fi)를 하고 각종 오락 사이트에서도 사용할 수 있다.

세 번째로 알고리즘 스테이블 코인이 있다. 알고리즘 스테이블 코인은 수학적인 알고리즘에 따라 코인 공급을 조절하는 방식으로 가격을 안정화하는 것을 목표로 하고 있다. 뚜렷한 성공 사례는 아직 없다.

시가총액 **5위**

테더(Tether) USDT

기술성: ★★★　　**사업성**: ★★★★

가격: Neutral(스테이블 코인이라 가격 전망은 없다. 영향력을 무시할 수 없는 암호화폐 시장의 기축통화)

대표적인 스테이블 코인(Stable coin)이다. 스테이블 코인이란 가치가 일정한 암호화폐로, 가치 변동성이 심한 암호화폐의 단점을 해결하려는 코인이다. 그중 테더(USDT)는 미국 달러에 일대일로 연동되는 법정화폐 연동 스테이블 코인으로, 가치가 '1USDT=1달러'로 유지된다.

테더는 본래 비트코인 '옴니 레이어'를 통해 발행됐다. 옴니란 사용자가 비트코인 블록체인 위에서 암호화폐를 생성하고, 거래할 수 있게 해주는 플랫폼이다. 하지만 이후 테더는 이더리움을 비롯한 다른 블록체인 플랫폼을 기반으로도 발행됐다. 트론, 알고랜드, 솔라나 등 다양한 블록체인 플랫폼을 기반으로 발행되고 있다.

테더는 대표적인 스테이블 코인인 만큼 암호화폐 거래소에서 기본 통화(기축통화)처럼 쓰인다. 대부분 거래소에는 '테더 마켓'이 구축돼 있어 테더로 다른 암호화폐를 구매할 수 있다. 글로벌 서비스를 목표로 하는 거래소들은 특정 국가의 법정화폐를 지원하는 대신, 스테이블 코인인 테더를 기축통화로 많이 활용한다.

법정화폐인 달러를 담보로 발행되는 암호화폐이기 때문에 발행사인 테더사는 발행량만큼의 달러를 보유하고 있어야 한다. 하지만 테더사가 그만한 예치금을 보유하고 있지 않다는 논란이 제기된 바 있다. 테더사는 충분한 자금 없이 테더를 발행했다는 혐의로 수사를 받았다.

2019년 뉴욕검찰총장실(NYAG)은 암호화폐 거래소 비트파이넥스(Bitfinex)가 고객 자금 8억 5천만 달러 상당을 손실하고, 이를 은폐하고자 같은 경영진을 둔 테더로부터 자금을 빌렸다는 혐의를 제기했다. 또 USDT 가치에 상응하는 준비금이 USDT 발행량의 74%에 불과하다고 주장했다. 이에 테더사와 비트파이넥스는 1,850만 달러(약 206억 원)의 벌금을 내기로 합의하면서 논란을 일단락 지었다.

핵심정보
알트코인에 투자해야 하는 이유!

비트코인을 제외한 다른 모든 코인들을 알트코인이라고 부른다. 얼터너티브(alternative) 코인, 그러니까 대안 코인이라는 의미다. 알트코인 중에도 가치가 있는 코인들이 많다.

암호화폐 시가총액이 2조 달러에 달하고, 알트코인이 그중 절반가량을 차지하고 있다. 전 세계의 정부 당국자와 중앙은행들은 입을 모아 "가상화폐는 실체가 없고, 아무도 가치를 보장하지 않는다"라며 견제하고 있다. 이런 상황에서 알트코인에 투자해도 될까?

당연하다! 블록체인이 뭔지 알면 간단하다. 블록체인은 제2의 인터넷을 만들고 있다. 중앙서버에 의존하던 인터넷을 분산된 인터넷으로 만드는 게 블록체인이다. 인터넷이 바뀐다면 바뀐 인터넷에서 유용한 서비스의 가치는 어떻게 될까? 상상하기 힘들 정도로 크다. 그 가치를 공유하는 게 참여자들과 코인 소유자들이다.

주요 인터넷 기업의 시가총액(미국 2021년 4월 1일 기준)을 보자. 애플 2조 2천억 달러, 아마존 1조 7천억 달러, 구글의 지주회사 알파벳 1조 5,200억 달러, 페이스북 8,870억 달러, 넷플릭스 2,450억 달러다. 애플은 하드웨어도 팔지만 자기만의 인터넷 생태계를 구축하고 있는 인터넷 기업이다.

비트코인을 포함한 모든 코인 가격의 합이 애플에도 못 미친다. 비트코인을 제외한 알트코인의 시가총액은 아마존과 알파벳에도 못 미친다. 중앙화된 인터넷이 분산화된 인터넷으로 바뀐다면 어떤 결과가 나올까? 애플이나 구글 페이스북처럼 성장할 대장 코인을 미리 확보한다면 당신은 큰 부자가 될 수 있다. 구글이나 아마존의 초기에 투자한다고 생각해보라. 어떤 프로젝트가, 어떤 코인이 좋은 것인지를 구별할 수 있는 안목이 있어야 한다.

블록체인은 코인 소유자들이 지배한다. 개발자부터 관리자인 재단을 포함해 이용자까지 프로그램으로 만들어진 투명한 지배 구조 속에서 정해진 규칙에 따라 코인을 배분한다. 커뮤니티가 커지고 가치가 커지면 토큰이나 코인의 가치가 높아진다. 블록체인의 미래를 확신한다면 당연히 알트코인에 투자해야 한다.

블록체인 프로젝트는 다 코인을 가지고 있지만 추구하는 방향은 다르다. 기본은 알아야 한다.

우선 메인넷이 있다. 이더리움이 대표적이다. 전 세계를 연결한 하나의 장대한 컴퓨터이자 프로그램 네트워크다. 스마트 콘트랙트 등 다양한 기능을 제공해 블록체인 사업을 하려는 프로젝트를 도와주는 게 메인넷이다. 메인넷을 추구하는 프로젝트에는 이더리움(ETH), 카르다노(ADA), 이오스(EOS), 트론(TRX), 바이낸스(BNB), 플로우(FLOW), 왁스(WAX), 스팀(STEEM) 등이 있다.

안드로이드나 애플 운영체계 위에는 앱(APP)이 있다. 스마트폰을 한번 열어보라. 몇 개의 앱이 깔려 있나? 네이버, 카카오, 신한은행, 대우증권, 유튜브, 홈쇼핑, 멜론 등 나의 일상생활과 관련된 앱들이다. 블록체인 메인넷 위에도 이러한 프로젝트들이 있다. 앱처럼 디앱 (DAPP)이라고 한다. 탈중앙화(Decentralized) 앱(APP)이다. 운영체계와 앱의 관계가 메인넷과 디앱의 관계인 셈이다. 디앱들도 각자의 코인이 있다. 이런 알트코인 중에 대박이 나올 것이다.

비디오 킬 더 라디오 스타(Video killed the radio star). 비디오가 라디오를 없애지 못했듯이 블록체인이 기존 인터넷을 없앨 수 있을지는 미지수다. 도전과 경쟁, 공존과 역전. 미래는 블록체인을 향해 달려가고 있다는 것은 사실이다.

넷플릭스 서비스에 도전하는 프로젝트로 라이브피어(LPT)와 쎄타(THETA)가 있다. 폴카닷(DOT)처럼 메인넷과 메인넷, 코인과 코인을 연결하는 브리지 코인도 있다.

라이트코인(LTC), 스텔라루멘(XLM)처럼 결제 편의를 높이기 위한 코인, 거래소를 대체하는 유니스왑(UNI)처럼 탈중앙화 금융 코인도 있다. 콘텐츠나 게임과 관련된 엔진(ENJ), 비트토렌트(BTT), 칠리즈(CHZ) 코인 등 무수히 많은 코인이 제2의 인터넷 주인이 되겠다고 나서고 있다. 블록체인으로 세상을 바꾸고 돈을 벌겠다는 혁신가들이 인류를 디지털 세상으로 끌고 들어가고 있는 것이다.

코인은 각기 특성이 다르고, 비전이 다르다. 알트코인을 골라내는 안목을 기르는 것이 곧 디지털 자산 투자를 잘하는 길이다.

역사상 혁신의 현장에는 이를 이용한 사기꾼과 협잡꾼이 들끓었다. 혁신적 기업이라도 성공을 보장하지는 않는다. 혁신은 실현하기 쉽지 않은 꿈과 목표를 향한 도전이기 때문이다.

주식 투자에서 가치 투자의 대가 워런 버핏(Warren Buffett)의 스승은 벤저민 그레이엄(Benjamin Graham)이다. 그는 혁신적 기업 중 어느 기업이 성공할지 알 수 없다는 이유로 성공한 기업에만 투자해서 큰 성과를 봤다. 선택은 투자자의 몫이다.

시가총액 **6위**

도지코인(Dogecoin) DOGE

기술성: ★★   **사업성:** ★★

가격: Neutral(장난스럽게 만든 코인임에도 불구하고 지나치게 가격이 상승한 면이 있다. 하지만 동시에 팬덤도 늘어나면서 이제는 진짜 '사용처'가 생기고 있기 때문에 중립으로 가격 전망을 예측한다. 발행량이 무한이고, 기술적 진출이 없다는 점은 영원한 리스크)

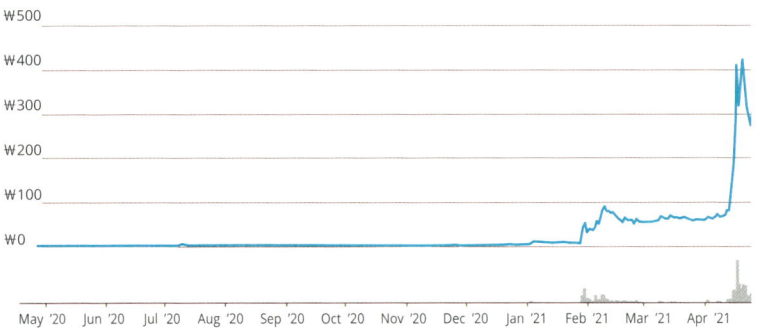

도지코인은 지난 2013년, 소프트웨어 엔지니어들이 '장난삼아' 만든 코인이다. 도지코인 홈페이지에 가면 "도지코인은 전 세계 시바견들의 지지를 받는 오픈소스 P2P(개인 간 거래) 디지털 화폐다"라는 문구가 나온다. 이것만 봐도 장난스럽게 만들어졌다는 걸 알 수 있다. 시바견의 지지를 받는 화폐답게 로고도 시바견이다.

발행량이 2,100만 개로 정해진 비트코인과는 달리 도지코인은 발행량도 무제한이다. 수요에 비해 공급이 부족할 일이 없다.

그럼에도 불구하고 테슬라 CEO 일론 머스크는 오랜 기간 도지코인을 예찬해왔다. 그가 도지코인 관련 트윗을 수없이 올리고, 도지코인이 세상을 바꿀 것이라며 예찬하자 도지코인 가격이 급등하기 시작했다. 앞서 언급했듯 발행량이 무제한인, 장난으로 만든 코인임에도 머스크가 트윗을 올릴 때마다 가격이 많게는 수백 퍼센트씩 상승했다.

다른 프로젝트에 비해 개발적인 진척이 있는 것도, 탄탄한 개발진이 있는 것도 아니지만(애초에 기술적 진척을 위해 만들어진 코인이 아니다) 머스크를 중심으로 투자자 커뮤니티가 꽤 넓게 형성된 편이다. 하지만 다른 암호화폐에 비해 기술적 목표나 로드맵이 부족하다는 점은 유념해야 한다.

시가총액 **7위**

카르다노(Cardano) ADA

기술성: ★★★★   사업성: ★★★ (개발 일정 계속 미뤄짐)
가격: Overweight(주요 블록체인 플랫폼 중 하나임에도 불구하고 아직 큰 성과가 없었다. 스마트 콘트랙트 기능 구현 시 가격 상승이 예상된다)

카르다노는 2015년 이더리움 초창기 핵심 멤버인 찰스 호스킨슨(Charles Hoskinson)이 시작한 블록체인 플랫폼 프로젝트다. 블록체인 플랫폼이란 블록체인상 스마트 콘트랙트를 활용해 서비스를 개발할 수 있는 플랫폼을 말한다. 블록체인 기반 서비스를 '탈중앙화 애플리케이션(디앱)'이라 부르기도 한다.

카르다노는 디앱이 개발될 수 있는 플랫폼을 지향하지만 아직 스마트 콘트랙트 기능을 완전히 구현하지는 못했다. 이 기능을 지원해야 카르다노를 기반으로 디앱을 만들 수 있다. 다만 2021년에 스마트 콘트랙트를 지원하는 업그레이드를 진행할 예정이다.

  만약 카르다노 기반 디앱들이 나오게 되면 카르다노의 암호화폐 에이다(ADA)를 활용하는 다양한 서비스도 나올 수 있다. 카르다노는 금융 서비스와 전자상거래 서비스에 에이다가 활발히 사용되도록 할 계획이다. 프로젝트가 아직 개발 중이므로 향후 진행 상태를 계속 점검해야 한다. 개발 일정은 계속 뒤처지고 있다. 스마트 콘트랙트 기능이 제대로 도입될 시엔 가격 상승이 예상된다.

시가총액 **8위**

폴카닷(Polkadot) DOT

기술성: ★★★★   사업성: ★★★★

가격: Neutral(2020년부터 가파른 상승세, 장기적으로는 오르겠지만 쉬어갈 필요가 있어 보인다)

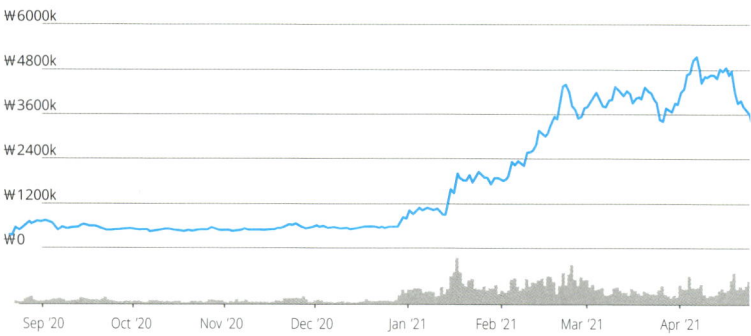

폴카닷은 이더리움 공동 창업자 개빈 우드(Gavin Wood)가 이끄는 블록체인 플랫폼 프로젝트다. 폴카닷에는 두 종류의 서로 다른 역할을 하는 체인이 있다. 중앙 관리자 역할을 하는 '릴레이 체인(Relay chain)'이 있고, 여기에 다수의 '파라 체인(Para chain)'이 연결돼 있다. 이를 멀티 블록체인 구조라고 한다. 하나의 블록체인에서 모든 거래가 처리되는 게 아니라, 여러 개의 체인에서 거래가 이뤄지기 때문에 많은 양을 신속하게 처리할 수 있다. 폴카닷을 기반으로 디앱을 개발할 경우, 각각의 파라 체인을 이용해 디앱에 최적화된 개발 환경을 만드는 것도 가능하다.

플랫폼 프로젝트들은 해당 플랫폼을 기반으로 디앱이 많이 개발되어야 한다. 그래야 플랫폼상 기축통화로 쓰이는 암호화폐의 가격도 오를 수 있기 때문이다. 플랫폼은 컴퓨터 운영체제, 디앱은 응용프로그램이라고 볼 수 있다. 마이크로소프트 윈도우에서 돌아가는 프로그램이 있고, 애플 맥북(ios)에서만 돌아가는 프로그램이 있는 것과 유사하다.

폴카닷에서는 닷(DOT) 토큰이 기축통화로 쓰인다. 폴카닷 프로젝트가 널리 쓰이게 되면 닷 토큰 가격도 따라서 상승하게 돼 있다.

폴카닷은 이더리움에 비해 거래 처리 속도나 확장성 측면에서 낫기 때문에 2020년부터 많은 디파이 서비스들의 선택을 받았다. 폴카닷 프로젝트에 자금을 지원하는 거래소나, 서비스 내에 폴카닷을 끌어들이는 블록체인 기업도 늘어나는 추세다.

핵심정보

돈 되는 하드포크?!

"이더리움, 4월 14일 베를린 하드포크 실시."

암호화폐 뉴스를 보다 보면 '하드포크(hard forks)'라는 단어를 자주 접한다. 아니, 레스토랑도 아니고 무슨 포크?

암호화폐는 정해진 약속에 따라 작동한다. 은행이나 국가 같은 신뢰할 수 있는 기관이 없어도 된다. 네트워크에서 협업하는 참여자들은 '프로토콜'이라고 불리는 약속에 따라 행동한다.

약속은 소프트웨어로 만들어진다. 이 소프트웨어에서는 "보상(마이닝)은 어떻게 한다", "블록 크기는 어떻게 한다", "외부 침입자를 막기 위해서는 어떤 조치를 한다(보안)" 등을 규정하고 있다.

약속을 바꿔야 할 때도 있다. 소프트웨어는 끝없이 성능을 개선해야 하기 때문이다. 보상과 블록 크기(전송 속도와 관련 있음), 보안 등을 위한 약속을 개선하려면 참여자(노드)들의 동의가 필수다.

약속을 바꾸려 할 때, 모두가 합의해서 함께 갈 수도 있고, 다투고 헤어질 수도 있다. 헤어질 때 하드포크가 생긴다. 포크 몸통에서는 한 줄기였는데 포크 끝부분이 갈라져 서로 다른 길을 가게 된다. 결별한다고 해서 하드포크라 한다.

비트코인과 비트코인캐시가 갈라진 게 대표적인 하드포크 사례다.

비트코인캐시가 떨어져 나갔다. 거래 속도를 빠르게 한다는 게 주된 명분이었다. 그러나 채굴업자나 개발자들의 이해 충돌 때문에 헤어졌다는 분석도 많았다.

비트코인캐시에서는 또 비트코인SV가 하드포크했다. 하드포크할 때 기존 코인 보유자에게 같은 숫자의 코인을 새로 지급했다. 기존 네트워크에 참여한 커뮤니티를 끌어들이기 위해서다. 하늘에서 새로운 돈이 떨어지니까 이를 '에어드롭(Airdrop)'이라고 하는데 주식 배당처럼 쏠쏠하다. 비트코인캐시의 하드포크 때는 불안감도 있었으나 지금은 안정된 상태다. 하드포크를 기다리는 경우도 많다.

요즘에는 이처럼 갈라지면서 에어드롭을 하지 않아도 하드포크라고 부르는 경우가 많다. 이더리움의 베를린 하드포크도 그 예다. 기존 버전(프로토콜)과 호환되지 않을 경우 하드포크라 한다.

기존 노드들은 프로그램을 업그레이드해서 따라와야 한다. 그렇지 않으면 새로운 체제에 동참할 수 없는 낙오자가 된다. 보상과 운영체제 등 핵심 약속을 모두 바꾸고 기존 노드들이 업그레이드를 통해 따라오면 하드포크다. 서로 갈라지지는 않는다. 낙오시키는 것이지 분열하는 게 아니다.

에어드롭을 하든, 약속과 기능을 개선해 한 덩어리로 가든 코인에는 호재다. 주식 시장에서 무상증자나 설비투자가 호재로 작용하는 것과 유사하다.

하드포크와 달리 버전이 업그레이드됐어도 기존 버전을 함께 쓰는 게 가능한 경우를 소프트포크(soft fork)라 한다. 자율주행이 가능한 첨단 고속도로에서 80년대 포니 자동차가 함께 달려도 된다는 얘기다.

시가총액 **9위**

라이트코인(Litecoin) LTC

기술성: ★★★   사업성: ★★★

가격: Neutral(메이저 코인 중 하나고 투자자들도 꽤 많은 편이므로 쉽게 폭락할 것 같지는 않다. 다만 카르다노나 폴카닷 같은 다른 블록체인 플랫폼에 비해 이럴다 할 개발 호재도 없다)

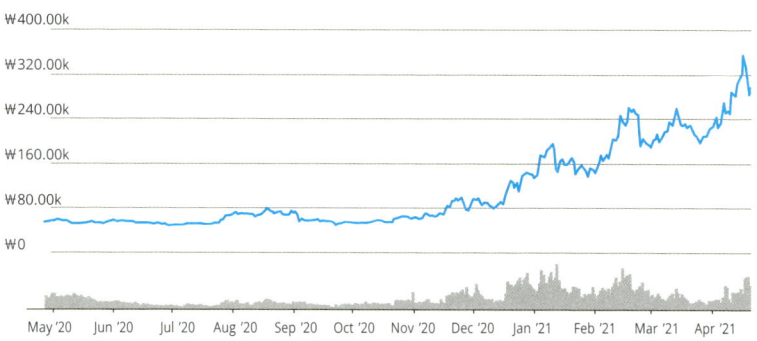

비트코인이 하드포크되어 탄생한 암호화폐로, 2011년 중국계 미국인인 찰리 리(Charlie Lee)가 개발했다. 하드포크란 블록체인의 업그레이드 방식 중 하나로, 기존 블록체인 네트워크를 쪼개서 새로운 체인을 만듦으로써 기능을 업그레이드하는 것을 말한다. 컴퓨터 프로그램을 획기적으로 개선하여 거의 새로운 프로그램을 만든다고 보면 된다.

하드포크를 하는 이유는 여러 가지다. 단순히 기능을 업그레이드하기 위해 하드포크를 하는 경우도 있지만, 기존 블록체인 진영과 갈라서 새로운 블록체인을 만들기 위해 하드포크를 하는 경우도 있다. 라이트코인은 후자의 경우다. 찰리 리는 비트코인의 전송 속도가 느리다고 보고, 속도가 빠른 새로운 암호화폐를 만들기로 결심한 뒤 라이트코인을 개발했다.

　라이트코인은 '라이트닝 네트워크'라는 기술을 활용해 비트코인보다 전송 속도를 빠르게 만들었다. 비트코인은 모든 거래 내역을 블록체인에 기록하는데, 라이트닝 네트워크는 거래 내역을 별도의 공간(채널)에 기록한 후 그 결과만 종합해 블록체인에 기록하는 방식이다. 그래서 거래 시간과 속도를 절약할 수 있다.

　라이트코인은 카르다노나 폴카닷 같은 블록체인 플랫폼 프로젝트에 비해서는 이렇다 할 개발 호재가 별로 남아 있지 않다. 즉, 앞으로 새롭게 나올 소식이 많지 않다는 것이다. 다만 비트코인 발행량이 2,100만 개로 정해져 있는 것처럼 라이트코인도 8,400만 개로 발행량이 정해져 있다는 점, 창시자인 찰리 리가 라이트코인을 이미 다 처분한 점 등은 가격 폭락을 예방하는 요인이 될 수 있다.

시가총액 **10위**

비트코인캐시(Bitcoin Cash) BCH

기술성: ★★★　　**사업성**: ★★
가격: Neutral (하드포크할 당시 포부가 거대했던 것에 비해 성과가 아쉽다)

비트코인에서 하드포크되어 탄생한 비트코인 계열의 암호화폐다. 비트코인캐시도 라이트코인처럼 기존 블록체인 진영과 갈라서 새로운 블록체인을 만들기 위해 하드포크를 한 경우다.

　기존 비트코인은 블록체인에 기록되는 블록의 크기가 1MB로 제한돼 있었다. 이는 2,100건 정도의 거래를 수용할 수 있는 크기로, 거래량이 늘면서 한계에 달하게 됐다. 이를 해결하고자 '세그윗(SegWit, Segregated Witness)'이라는 방법이 고안됐다. 세그윗이란 블록의 크기는 늘어나지 않지만, 비트코인 거래에 필수적인 '서명' 부분을 따로 떼어냄으로써 그 서명에 해당하는 부분만큼 더 많은 거래를 담을 수 있게 하는 방식이다. 이 차이가 별것 아닌 것 같지만 블록이 아주 길어질 때를 생각하면 작은 공간이라도 효율적으로 써야 속도를 빠르게 할 수 있다.

그런데 비트코인 커뮤니티에선 세그윗에 반대하는 세력이 있었다. 중국의 비트코인 채굴 기업인 '비트메인' 대표 우지한을 중심으로 세그윗에 반대하는 세력이 형성됐고, 해당 세력이 기존 비트코인에서 분리된 '비트코인캐시'를 만들었다.

이후로도 개발 진영 간 의견 불일치로 두 번의 하드포크가 더 발생한다. 진영 간 충돌이 늘 문제가 되는 암호화폐다. 앞서 얘기한 것처럼 하드포크는 프로그램을 업그레이드하는 것이지만, 이처럼 커뮤니티 내부의 의견 차이 때문에 서로 갈라져 나가는 경우도 종종 있다.

핵심정보
알트코인 살 때 꼭 알아야 할 다섯 가지

꿈을 현실로 만들어가는 알트코인들이 대거 등장하고 있다. 탈중앙화 금융과 게임, 대체 불가능 토큰(NFT) 등 실제로 부가가치를 만들어가는 프로젝트와 코인들이 나타나고 있다. 반면 허황된 꿈이나 사람들을 현혹하려는 스캠 코인도 많다. 미래를 미리 내다보고 하는 투자자가 되려면 코인을 사기 전에 꼭 점검할 내용이 있다.

남들이 산다고, 가격이 오른다고 무조건 사다가는 잔치판이 끝난 뒤 설거지를 하는 희생자가 되기 십상이다. 코인을 사기 전에 반드시 알아봐야 할 다섯 가지를 추렸다. 코인 시장은 투자자 보호 장치가 부실하다. 그래도 노력하면 어느 정도는 점검할 수 있다.

1) 뭐 하는 코인인지는 알고 사자

기초 중의 기초다. 스스로 알아봐야 한다. 뉴스만 보고 판단하면 안된다. 업비트 같은 거래소나 코인 정보와 공시를 모아놓은 커뮤니티 등에 가면 어떤 프로젝트인지 기본적인 내용은 알 수 있다. 아주 간단한 기초 정보를 제공하므로 해당 업체의 홈페이지에 가서 백서를 보고 어떤 코인인지 확인해야 한다. 블로그나 유튜브에 해당 코인을 설명해놓은 정보도 있다. 적어도 어떤 프로젝트인지 이해하고 다음 단계로 나아간다.

2) 시가총액을 확인하자

현재 가격 기준 시가총액을 먼저 확인해야 한다. 코인마켓캡이나 코인게코 사이트에 들어가면 알 수 있다. 아래 그림은 코인마켓캡에서 따온 FLOW 토큰의 가격과 시가총액이다. 현재가 기준으로 시가총액이 1조 원을 조금 넘는다.

　엔터테인먼트와 NFT의 융합으로 핫한 FLOW의 시가총액으로는 적다고 생각할 수도 있다. 추가로 점검해야 할 부분이 있다.

3) 유통 물량 기준 시가총액과 총 발행 물량 기준 시가총액을 점검하자

위 그림에서 완전 희석된 시가총액이라는 것이 있다. 45조 6천억 원에 달한다. 오른쪽 유통 공급량을 보면 2%라고 돼 있다. 총 발행 예정 물량 중 2%만 유통되고 있다. 당장은 물량이 적어 가격이 오를 수 있다. 앞으로 지금보다 50배나 물량이 더 나온다면 부담이다.

4) UNLOCK 시점을 파악한다

언락(UNLOCK)은 일정 기간 매물화될 수 없게 묶어둔 코인을 의미한다. 이 물량이 언제 나오냐를 파악하는 게 중요하다. 거래소, 프로젝트 백서, 블로그, 홈페이지 등을 찾아다니며 파악해야 한다. 최근 들어 시장의 요구로, 또는 투명성을 자랑하기 위해 언락 물량을 공개하는 프로젝트들이 늘고 있다. 유통 시장에서 가격에 미치는 영향력이 큰 만큼, 유통되지 않은 물량이 많은 코인은 꼭 일정을 확인해야 한다.

아래는 FLOW의 UNLOCK 스케줄이다.

	Locked Allocation	Circulating Supply (end of month)					
	Months* 0-1	Month 2	Months 3-11	Month 12	Months 13-24	Months 25-36	Months 37-48
Staking Rewards (approx 8-10% APY to backers)		20,000,000	52,700,355	5,388,845	53,059,715	41,434,467	42,677,502
Pre-launch Backers + Community Sale (~350M total)	349,814,159			174,907,080	174,907,080		
Auction (25M total)	25,000,000			25,000,000			
Development Team (225M total, granted over time)	225,000,000			37,500,000	50,000,000	62,500,000	25,000,000
Grants, investments, other distributions (with vesting)	15,000,000				14,479,167	24,895,833	28,906,250
Dapper Labs	250,000,000	N/A - long term holding, sales (if any) 1+ year lockups from time of sale					
Collateral Reserve	125,000,000	N/A - will not enter circulating supply directly; used as collateral to bootstrap service protocols					
Foundation Reserve	160,185,841	N/A - used for staking, delegation, fundraising, or leases to community organizations					
Total Circulating Supply		20,000,000	72,700,355	315,496,280	607,942,242	736,772,543	833,356,295
Total Supply	1,250,000,000	1,270,000,000	1,322,700,355	1,328,089,200	1,381,148,915	1,369,523,668	1,412,201,169

*Month 0 start date - Oct 16th, 2020

5) 스캠(사기) 코인인지 꼭 확인한다

깃허브(Github)와 데드코인스(Dead coins) 사이트에서 확인할 수 있다. 깃허브는 개발자들의 정보 공유 사이트이다. 소프트웨어를 올리고 의견을 듣는다. 프로젝트가 활동하고 있는지, 업데이트는 되고 있는지, 개발자들 간에 의사소통은 되고 있는지 등을 체크해야 한다. 데드코인스 사이트는 활동하지 않는 스캠 코인을 등록해놓고 있다. 또 프로젝트가 개발했다는 앱이나 사이트를 직접 방문해보는 것도 방법이다.

시가총액 **11위**

유니스왑(Uniswap) UNI

기술성: ★★★   사업성: ★★★★

가격: Overweight(탈중앙화 거래소의 선두 주자이자 대표 주자로서 지니는 의미가 상당하다)

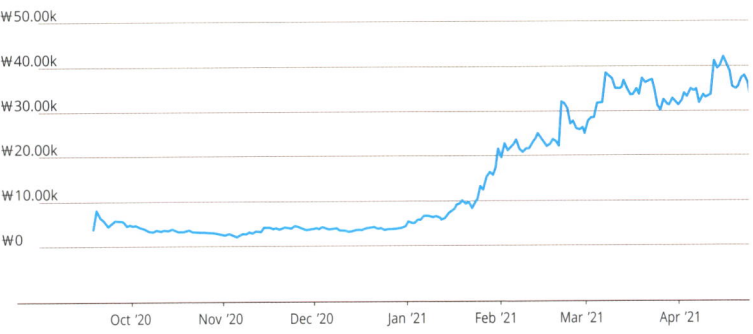

유니스왑은 중개자 없이 P2P(개인 간 거래)로 거래하는 탈중앙화 거래소(DEX)다. 가상자산 거래소는 일반적인 거래소와 탈중앙화 거래소 두 가지로 나뉜다. 일반적인 거래소는 기업이 거래 중개 플랫폼으로서 기능하는 빗썸, 업비트 같은 거래소를 말한다. 거래소의 운영 주체가 분명하고, 거래소 이용자들이 '관리 받고 있다'는 느낌을 받을 수 있다.

탈중앙화 거래소는 특정 기업이 중개하는 게 아니라 블록체인 상 스마트 콘트랙트를 기반으로 거래된다. 즉, 수요가 있고 공급이 있으면 스마트 콘트랙트에 의해 계약이 자동 체결되는 방식이다. 운영 주체가 따로 없이, 하나의 거대한 컴퓨터 프로그램이 자동으로 거래해준다. 고객 서비스 센터 같은 것도 없다.

유니스왑의 토큰 유니(UNI)는 유니스왑 내에서 쓰이는 토큰이다. 유니스왑에서 토큰을 판매하려는 판매자는 유동성을 공급한다는 의미에서 '유동성 공급자'로 불리는데, 유동성 공급자에겐 유니 토큰이 일종의 보상으로 지급된다.

누군가 토큰을 사고 싶은데, 마침 유동성 공급자가 내놓은 토큰이 있다면 프로그램에 의해 자동으로 매매(교환)가 이뤄진다.

유니스왑은 특정 운영 주체가 없는 탈중앙화 거래소이기 때문에 참여자들의 투표로 운영 사항을 결정한다. 유니 토큰은 투표에 참여하기 위한 '거버넌스(지배구조) 토큰'으로도 쓰인다.

아직 일반 거래소에 상장되지 않은 암호화폐나 디파이 암호화폐들은 유니스왑에서 활발히 거래된다. 대표적인 탈중앙화 거래소인 만큼, 유니스왑이 암호화폐 업계에서 가지는 상징성은 상당하다.

핵심정보

디파이(De-Fi, 탈중앙화 금융), 이 정도는 알아야 투자한다

디파이 서비스에 얼마나 많은 돈이 몰렸을까? 2021년 초 200억 달러에서 2021년 4월 1일 기준 970억 달러로 5배나 늘었다. 지난 2020년부터 뜨겁게 성장하고 있는 디파이는 도대체 뭐길래 이렇게 성장하고 있나?

현실 세계의 금융은 성장 산업이 아니다. 정부의 규제 안에서 돈을 버는 안정적인 산업이다. 디지털 세상의 금융산업인 디파이는 가장 뜨거운 성장 산업이다.

디파이는 금융거래를 중개하면서 금융기관은 없다. 계약 조건이 담긴 소프트웨어만 있을 뿐이다. 현실의 금융거래에는 항상 금융기관이라는 신뢰기구가 있어야 한다. 은행, 증권, 보험 등 우리 주변에 있는 금융기관은 모두 중간에서 수수료를 받는 브로커다.

은행에서는 대출을 받고 예금을 한다. 대출이자와 예금이자의 차이를 브로커가 먹는다. 똑같은 사람인데 신용 등급을 나눠 누구에게는 이자를 더 받고 누구에게는 덜 받는다. 송금할 때도 돈을 받고 돈을 찾을 때도 수수료를 받는다. 받고 또 받는다. 증권회사도 이런저런 명목으로 수수료를 챙긴다. 보험회사도 마찬가지다.

디파이에는 프로그램만 있고 중간에 끼는 금융기관이 없다. 어떤 장점이 있을지 생각해보자.

첫째, 간단하고 편리하다. 나를 털지 않는다. 신분증이 없어도, 얼굴 사진을 찍어 보내지 않아도 거래할 수 있다. 암호화폐 지갑만 있으면 된다. 내 신용 상태를 조사하지 않는다. 보지도 않는 약관을 봤냐고 자꾸 묻지도 않는다.

금융기관은 정부가 시키니까 한다면서 서류를 쭉 넘겨가며 읽지 않은 서류에 사인하도록 요구한다. 면피용인 경우가 많다. 디파이는 다르다. 그저 프로그램이 제시한 조건이 맘에 들면 거래하면 된다. 송금, 대출, 예금, 환전 등 기존 금융 서비스에 디파이가 적용되고 있다. 스테이킹, 일드 파밍(Yield Farming, 이자 농사) 등 사용하는 용어는 조금 다르다.

둘째, 금융기관 몫의 수익이 디파이 참여자에게 돌아온다. 유니스왑의 경우 유동성 공급자에게 수수료를 준다. 이더리움이나 다른 토큰을 예치하고 이자를 받는 것과 같다. 또 해당 디파이 프로젝트가 성장하면 해당 토큰의 가격이 올라간다.

프로젝트의 운영 방침을 결정하는 지배증권 형태의 코인은 프로젝트의 성장에 따라 가치가 상승한다. 금융기관이 받는 수수료와 주주 배당이 거래 참여자와 프로젝트 개발자, 코인 소유자에게 돌아간다.

물론 위험성도 있다. 보안 문제나 예치한 코인 가격의 하락 등 손실 요인이 있다. 시장 규모가 커지는 것은 시장 참여자들이 위험보다는 수익 쪽에 무게를 뒀기 때문이다. 디파이는 주식으로 치면 고위험 초고속 성장주인 셈이다. 초기 참여자에게 커다란 보상을 줄 수도 있지만, 반대로 커다란 손실도 줄 수 있다.

주요 코인은 유니스왑(UNI), 체인링크(LINK), 아베(AAVE), 메이커다오(DAI) 등이 있다.

시가총액 **12위**

체인링크(Chainlink) LINK

기술성: ★★★★　　사업성: ★★★★

가격: Overweight(외부 데이터를 써야 하는 블록체인 기반 서비스라면 체인링크와 같은 오라클 솔루션을 쓸 수밖에 없다. 오라클 솔루션 중 대표 주자인 만큼 앞으로 더 많이 쓰일 전망이다)

　체인링크는 블록체인을 기반으로 하는 각종 서비스들이 사용할 수 있는 '오라클 솔루션'이다. 즉, 오라클 문제를 해결하기 위한 특별 프로젝트다. '오라클 문제'란 블록체인 밖 데이터를 블록체인상으로 가져올 때 생기는 정보의 신뢰성 문제를 말한다.

　블록체인상 데이터는 위변조가 불가능해 신뢰할 수 있지만, 애초에 외부 데이터가 변조된 채로 블록체인상에 들어온다면 신뢰성에 문제가 생기게 된다.

예를 들어 기상청의 날씨 정보를 블록체인에 올린다고 해보자. 기상 정보를 이용해 사업하려는 많은 사람이 이 블록체인에 접근해 다양한 서비스를 만들어 팔 수 있다. 문제는 기상 정보 자체가 거짓이면 서비스도 엉망이 된다는 것이다. 이것이 오라클 문제다.

오라클 솔루션들은 외부 데이터의 진위 여부를 가린 뒤 블록체인상에 들여올 수 있도록 돕는 역할을 한다. 따라서 외부 데이터를 활용하는 블록체인 기반 서비스들은 이런 오라클 솔루션을 반드시 써야 한다.

체인링크를 통해 데이터를 들여오는 블록체인 기반 서비스들은 이에 대한 대가로 암호화폐 링크(LINK)를 지급한다. 2020년 블록체인을 기반으로 하는 금융 서비스, 탈중앙화 금융(디파이) 붐이 일면서 암호화폐 LINK의 가격도 크게 상승했다. 디파이 서비스들이 서비스를 안정적으로 운영하려면 외부 가격 데이터를 들여와야 하는데, 이때 체인링크를 주로 활용했기 때문이다. 따라서 LINK는 디파이 관련 코인 중 하나로 분류되기도 한다.

앞으로 더 많은 블록체인 기반 서비스가 개발될 것이고, 서비스들이 외부 데이터를 활용할 수밖에 없는 점을 고려하면 체인링크 사용처는 더 늘어날 전망이다.

시가총액 **13위**

비체인(VeChain) VET

기술성: ★★★   사업성: ★★

가격: Neutral(콘셉트가 비슷한 블록체인 프로젝트가 많지만, 중국 팬덤이 있다는 점을 눈여겨볼 만하다)

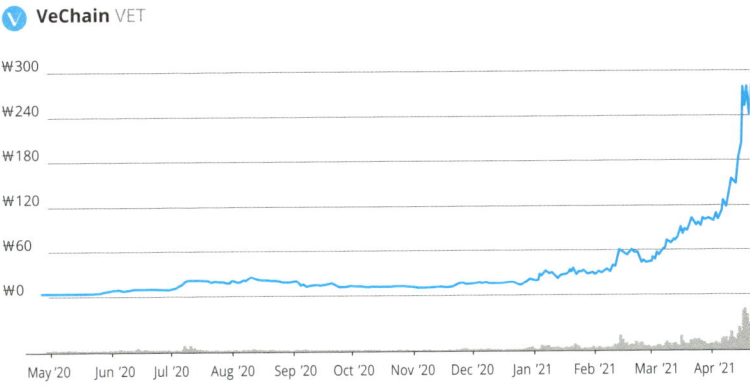

비체인은 물류 공급망 관리 과정을 투명하게 하려는 블록체인 프로젝트다. 상품의 유통 과정을 블록체인에 기록해 확인할 수 있도록 하는 게 주요 콘셉트다. 30개 관련 기업에 블록체인 솔루션을 제공하고 있다.

모바일 쇼핑몰에서 물건을 주문하면, 유통업체들이 이 정보를 바탕으로 배송을 완료할 때까지 전 과정을 블록체인상에서 확인하고, 문제 발생 시 대처할 수 있다면 매우 효율적일 것이다. 이는 물류 공급망 관리 블록체인이 주목받는 이유다.

상품의 유통 과정을 블록체인에 기록하는 프로젝트는 상당히 많다. 단, 비체인이 가지는 차별화 포인트는 정보 전송 속도가 빠르다는 것이다. 이더리움 블록체인을 기반으로 하는 대부분의 서비스와 달리, 비체인은 자체 블록체인을 기반으로 한다.

앞서 언급했듯 비슷한 프로젝트가 많지만, 비체인은 중국에서 크게 인기를 얻은 블록체인 프로젝트다. 덕분에 암호화폐 비체인(VET)의 가격도 크게 올랐다. 중국 투자자 커뮤니티가 큰 만큼 앞으로 흐름을 지켜봐야 할 필요가 있다.

시가총액 **14위**

유에스디코인(USDcoin) USDC

기술성: ★★★　　사업성: ★★★★

가격: Neutral(스테이블 코인이라 가격 전망은 없다. 규제를 잘 지키는 스테이블 코인으로 테더보다 이미지가 좋기 때문에 공공 기관이나 공공 서비스에서 채택될 가능성이 있다)

USD Coin USDC

유에스디코인(USDC)은 암호화폐 기업 서클과 미국 대표 암호화폐 거래소인 코인베이스 간의 협업을 통해 개발된 스테이블 코인이다. 스테이블 코인이란 가격이 일정하게 조절되는 암호화폐다. 암호화폐의 가장 큰 단점인 가치 변동성을 없앤, 가치가 일정한 코인을 말한다. USDC는 미국 달러와 일대일로 연동된다. 즉, 가격이 개당 1달러로 유지된다.

서클은 USDC 발행을 위해 중국 암호화폐 채굴업체 비트메인,

액셀, 블록체인캐피탈 등과 '센트레(Centre)'라는 컨소시엄을 구성했다. 센트레는 달러와 USDC를 교환하는 일종의 교환소 역할을 하고, 정기적인 회계감사를 통해 USDC 발행량만큼의 달러를 보관하고 있다는 사실을 보고한다. 규제를 잘 지키는 스테이블 코인으로 알려져 있다.

스테이블 코인의 원조 격인 테더가 신뢰성 논란을 겪으면서 USDC는 대안처럼 여겨졌다. 테더(USDT)의 경우 발행사가 USDT 발행량만큼의 달러를 보유하고 있지 않다는 논란이 있었지만, USDC는 발행사가 정보를 투명하게 공개하면서 신뢰도 면에서 강점을 얻었다.

또한 미국 통화감독청(OCC)은 은행이 결제 및 송금 업무에 스테이블 코인을 사용할 수 있도록 인정한 바 있다. 따라서 미국 규제를 준수하는 스테이블 코인인 USDC의 활용처는 더욱 확대될 전망이다. USDC 발행에 관여한 코인베이스까지 미국 암호화폐 거래소 최초로 상장사가 되면서 USDC에 힘을 실었다.

시가총액 **15위**

스텔라루멘(Stellar Lumens) XLM

기술성: ★★★   사업성: ★★★

가격: Overweight(소송 등 문제가 많은 리플과 달리, 스텔라루멘은 금융권과의 협업 등 가격 상승 재료가 있다)

스텔라는 리플에서 하드포크(기존 블록체인 네트워크를 쪼개 새로운 체인을 만드는 것)된 블록체인으로, 리플처럼 국제 송금 및 개인 간의 빠른 송금을 목표로 한다. 송금에 쓰이는 암호화폐가 스텔라루멘(XLM)이다.

스텔라 블록체인의 장점은 수수료가 거의 없는 상태로 빠른 자금 이동이 가능하다는 것이다. 누구나 거래 기록을 볼 수 있는 퍼블릭 블록체인이기도 하다. 스텔라 창시자인 제드 맥케일럽(Jed Mc-

Caleb)은 세계 최초의 암호화폐 거래소인 마운트곡스를 만든 인물로, 암호화폐 업계의 유명인사다.

스텔라는 2021년 우크라이나 정부가 CBDC(중앙은행 디지털화폐)를 발행하기 위한 플랫폼으로 스텔라를 선택하면서 화제를 모았다. 코로나19가 확산되고, 페이스북이 발행하려는 스테이블 코인 '디엠(구 리브라)' 프로젝트가 발표되면서 각국 중앙은행들은 디지털로 된 법정화폐를 발행하려는 움직임을 보였다. 우크라이나도 그중 하나로, 발행을 위한 플랫폼으로 스텔라 블록체인을 선택한 것이다.

우크라이나 중앙은행이 기반이 될 블록체인으로 스텔라를 선택한 이유는 스텔라의 합의 알고리즘인 'SCP(Stellar Consensus Protocol)' 때문이다. 합의 알고리즘은 블록체인이 가동되는 기본 원칙이라고 보면 된다. SCP는 블록체인상에 금융거래를 정확히 기록하는 것을 목표로 한다. 다른 퍼블릭 블록체인에 비해 거래 확인에 걸리는 시간도 빠른 것으로 알려져 있다.

앞서 2020년 12월 독일 대형 은행 중 하나인 방크하우스 폰 데어 하이트(BVDH)는 스텔라를 기반으로 유로화와 연동되는 스테이블 코인 'EURB'를 발행한다고 밝힌 바 있다. 전통 금융권과의 협업으로 스텔라 블록체인 사용처가 늘어나면, 그에 따른 암호화폐 XLM의 가치 상승도 기대해볼 수 있다.

핵심정보
대체 불가능한 토큰(NFT, non-fungible token)

NFT가 무엇인지 설명하기에 앞서 사례를 먼저 살펴보자.

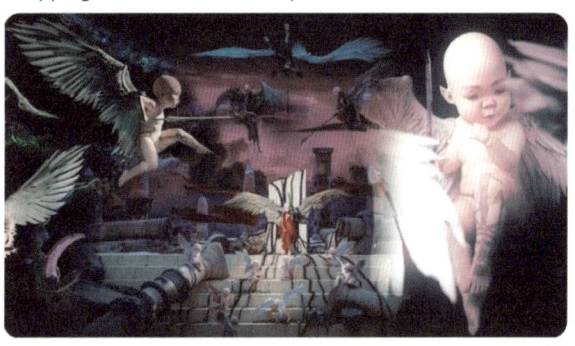

[일론 머스크의 애인 그라임스가 그린 그림]

캐나다 가수 그라임스의 그림이다. 그녀는 테슬라 최고경영자(CEO)인 일론 머스크의 여자친구다. 그라임스가 앞으로 일론의 아내가 될지, 전 여자친구가 될지는 모른다. 그러나 이 그림은 디지털 세계에 존재하는 단 하나의 그림이다. 위작이나 카피의 위험이 없다. 블록체인상에 있기 때문이다. 이 아기천사 그림에는 그라임스의 노래도 배경음악으로 들어 있다. 그라임스는 온라인 경매를 통해 '디지털 퓨전 그림' 10점을 팔아 20분 만에 580만 달러(약 65억 원)를 벌었다. 그라임스가 판 그림이 바로 NFT이다.

놀랍지 않은가! 토큰에 그림도 있고 음악도 있다니. 그림과 음악을 오붓하게 즐길 수도 있다. 리얼 월드가 디지털 세상으로 들어오고 있다. NFT는 복사와 붙여넣기가 안 된다. 그래서 대체 불가능한 토큰이다. 머스크의 여자친구는 대체 불가일까? 둘 사이의 사랑과 갈등의 고차방정식으로 다양한 조합이 생길 수 있다. 세상이 다 그렇다. 그런데 NFT는 딱 하나다. 그래서 가치가 있다.

블록체인 기술에 서명 기술까지 넣은 유일무이한 토큰으로, 주인이 팔아 소유권을 넘기면 누가 새로운 주인인지까지 투명하게 보여준다.

대체 불가능한 토큰인 이유는 또 있다. 비트코인 이후 수많은 토큰과 코인이 발행됐다. 이들은 하나하나가 서로 대체 가능하다. 내가 가진 1비트코인과 내 친구가 가진 1비트코인은 언제든 교환할 수 있다. 사고팔 때 차이가 없다. 비트코인, 이더리움 등 블록체인 기반의 코인과 토큰들은 모두 대체 가능하다. 거래소에서 살 때 같은 거래소라면 같은 가격으로 살 수 있다.

NFT는 원작자의 서명이 들어 있고 카피할 수 없는 새로운 상품이다. 그림 하나를 열 개로 쪼개서 팔 수도 있다. 그림은 같은데 열 개의 코인마다 고윳값을 부여하면 된다. 그림은 열 개 코인에서 즐기고 가격은 나눠서 부담하면 된다. 구매자도 좋다. 하지만 열 개의 값은 다 다를 수 있다. 예컨대 전 소장자가 일론 머스크였다면 좀 더 가치가 있을 수 있다. 그건 구매자의 판단에 달려 있다.

이런 특성 때문에 그림, 영상, 음악, 게임 아이템 등의 콘텐츠 분야에서 영향력을 키우고 있다. 트위터 창업자인 잭 도시의 첫 트위터, 크립토키티(CryptoKitties), 은성수 토큰 등 기발하고 참신한 NFT가 쏟아져 나오고 있다. 여러분도 당신만의 NFT를 만들어 친구에게 선물할 수도 있다. 비싸지 않은 비용으로 나만의 콘텐츠를 만드는 데 사용할 수도 있다.

시가총액 **16위**

쎄타(THETA) THETA

기술성: ★★★　　**사업성:** ★★★

가격: Underweight(NFT 테마라는 이유로 가격이 빠른 시간 동안 지나치게 많이 오른 측면이 있다)

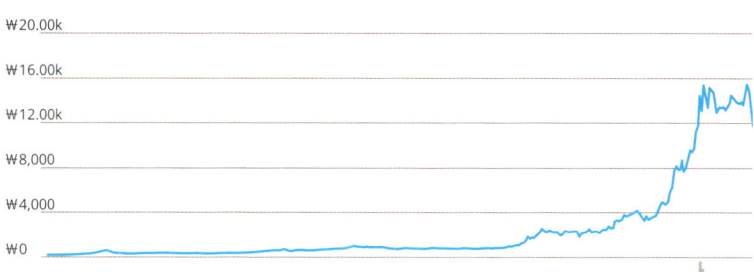

쎄타 토큰이 쓰이는 쎄타 네트워크는 블록체인 기반 동영상 플랫폼이다. 데이터 사용량이 지나치게 크고, 사용자에 대한 보상이 불확실한 현 비디오 스트리밍 시장의 문제점을 해결하고자 출범했다. 동영상을 즐기고, 데이터를 서로 나눠 쓰는 사용자에게 토큰 보상을 준다는 콘셉트다.

하지만 이 같은 비즈니스 모델만으로는 토큰 수요를 늘리는 데 한계가 있었다. 이에 개발사 쎄타랩스는 2021년 1월 NFT 관련 계획이 포함된 로드맵을 발표했다. NFT란 토큰 1개당 가격이 일정한 일반적인 암호화폐와 달리, 토큰마다 고유 가치가 부여되는 것을 말한다. 게임 아이템이나 디지털 예술품처럼 희소성 있는 상품을 블록체인상에서 토큰화할 때 활용된다.

우선 쎄타랩스는 쎄타 블록체인을 기반으로 하는 NFT 거래 플랫폼을 출시하기로 했다. 또 쎄타 네트워크 내 창작자들이 NFT를 발행할 수 있도록 하는 토큰 발행 도구도 선보인다고 했다. 쎄타 블록체인 기반 토큰을 발행할 수 있는 '쎄타 네트워크 토큰 발행 도구(Minter)'를 출시한 바 있는데, 이 발행 도구를 통해 일반 가상자산뿐 아니라 NFT도 발행할 수 있도록 할 계획이다.

이런 계획을 밝히면서 쎄타 토큰은 한순간에 'NFT 테마 코인'이 됐다. 2021년 들어 전 세계적으로 NFT 붐이 일어나면서 NFT 관련 암호화폐들의 가격이 일제히 오르기 시작했는데, 쎄타 토큰은 가격이 가장 많이 오른 NFT 테마 코인 중 하나다.

NFT 테마라는 이유로 짧은 기간에 가격이 급등했기에 거품이 끼었을 가능성이 있다. 또 일각에서는 소수의 투자자가 쎄타 토큰을 대량으로 보유했다는 지적도 나오기 때문에 주의가 필요하다.

시가총액 **17위**

파일코인(Filecoin) FIL

기술성: ★★★★　　**사업성:** ★★★

가격: Neutral(IPFS 기술이 지니는 상징성은 크지만 스캠 의혹, 다단계 연루 등으로 프로젝트의 이미지가 손상된 바 있다)

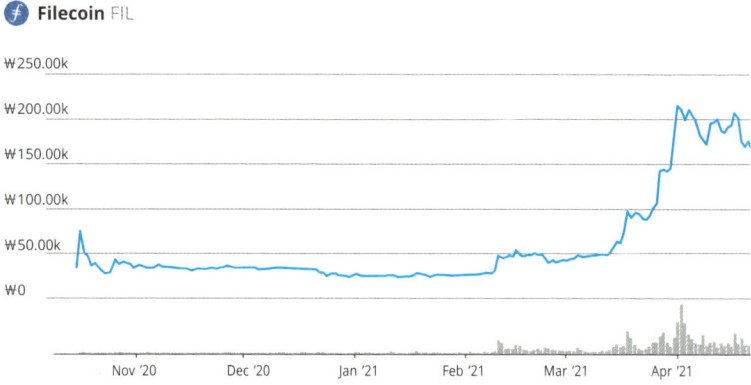

파일코인은 사용자들이 서로 파일을 공유하는 탈중앙화 시스템이다. 이때 사용되는 기술이 IPFS(Inter-Planetary File System)라는 기술이다. IPFS란 여러 개로 나눠진 시스템에 파일 데이터를 저장한 뒤 이를 인터넷으로 공유하기 위한 기술을 말한다. 암호화폐 FIL은 파일 공유 시 쓰이는 토큰이다.

2017년 8월 ICO(암호화폐공개)를 진행한 파일코인은 한 달 만에 2억 5,700만 달러(약 2,800억 원)가 넘는 투자금을 모았다. 이후 더 큰 금액을 모금한 프로젝트가 나왔지만, ICO 당시에는 파일코인이 전 세계에서 가장 많은 자금을 모은 ICO 프로젝트였다. 따라서 파일코인은 사업에 속도를 낼 것이란 기대를 한 몸에 받았다.

그럼에도 불구하고 파일코인의 메인넷 출시는 수차례 미뤄졌다. 당초 2019년 중반에 출시될 예정이던 메인넷은 여러 번 연기된 끝에 2020년 10월에 공개됐다. 그동안 투자자들의 불만이 꾸준히 나오면서 스캠(사기) 의혹까지 제기됐다.

국내에서도 논란이 일었다. 메인넷 출시 한참 전부터 판매된 다단계 채굴기 때문이다. 국내 다단계 업체들은 유튜브와 온라인 커뮤니티를 통해 파일코인 채굴기를 판매하면서, 채굴기를 사면 수개월 내에 투자금을 회수할 수 있다고 주장해왔다. 그중 일부 업체들은 채굴기 판매를 추천하면 더 큰 보상을 지급한다는 다단계 판매를 퍼뜨리기도 했다.

2021년 들어 중국에서 파일코인 채굴 및 거래가 성행하면서 가격도 크게 올랐다. 파일코인의 탈중앙화 저장 시스템이 자체 인터넷 인프라를 구축하려는 중국의 목적과 맞아떨어진다는 의견도 있다.

시가총액 **18위**

트론(TRON) TRX

기술성: ★★★   사업성: ★★★★

가격: Overweight(거래소 간 거래에 가장 보편적으로 쓰이는 코인일 정도로 전송 속도가 빠르다. 트론 블록체인을 기반으로 개발되는 앱도 많은 만큼, 암호화폐 트론의 가격이 폭락할 일은 없을 전망이다)

트론을 기반으로 디앱을 개발할 수 있는 블록체인 플랫폼 프로젝트다. 트론 창시자 저스틴 선(Justin Sun)은 암호화폐 업계 유명인사(인플루언서)다. 그는 포브스가 선정한 30대 이하 창업가 30인에 선정된 바 있다. 하지만 트위터를 통해 논란이 될 만한 발언을 하는 것으로도 유명하다.

트론 플랫폼은 이더리움에 비해 거래 속도가 빠른 것이 특징이다. 그래서 초반에는 빠른 속도를 필요로 하는 게임 디앱들에게 인기를 끌었지만, 점점 트론 기반 도박(갬블링) 앱이 늘기 시작하면서 비판의 대상이 되기도 했다.

하지만 2020년 디파이 붐이 일자 트론은 디파이 생태계에 적극적으로 뛰어들기 시작했다. 저스틴 선은 디파이 앱을 지원하기 위한 자금 및 정책을 마련하는 한편, 트론 재단이 직접 나서서 트론 기반 디파이 앱들을 개발하기 시작했다. 일례로 스테이블 코인 대출(랜딩) 서비스인 '저스트'가 있다. 트론 블록체인 플랫폼을 기반으로 하는 저스트는 암호화폐 트론(TRX)을 맡기고 스테이블 코인 USDJ를 빌릴 수 있는 서비스다.

암호화폐 TRX는 전송 속도가 특히 빨라 거래소 간 거래에도 많이 쓰인다. 한 거래소에서 다른 거래소로 자금을 보내려고 할 때 트론으로 보내면 빨리 받을 수 있기 때문이다. 거래소 간 거래에 많이 쓰인다는 점 그리고 창시자를 중심으로 트론 생태계 개발이 원활히 이루어진다는 점 등을 고려하면 향후에도 계속 쓰일 암호화폐다. 단, 창시자의 섣부른 발언으로 인한 오너리스크가 존재한다.

시가총액 **19위**

랩트비트코인
(Wrapped Bitcoin) WBTC

기술성: ★★   사업성: ★★

가격: Overweight(비트코인 가격을 그대로 따라가는 코인. 디파이가 발전할수록 더 많이 활용될 것이다)

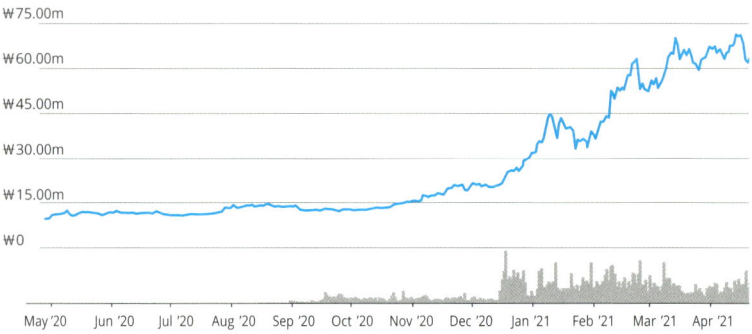

Wrapped Bitcoin WBTC

'랩핑(Wrapping)'은 '포장하다(Wrap)'에서 비롯된 말로, 이더리움 블록체인을 기반으로 하지 않는 코인을 이더리움상으로 포장해오는 것을 말한다. 예를 들어 비트코인(BTC)은 이더리움 기반 코인이 아니므로 이더리움상 서비스에서 비트코인을 사용하려면 비트코인을 이더리움 네트워크로 불러와야 한다.

이렇게 탄생한 게 WBTC다. 이더리움의 토큰 발행 표준 ERC-

20으로 비트코인을 발행한 것으로, 가격은 비트코인을 따라간다. 즉, 'ERC-20' 버전 비트코인이다.

이런 랩핑 코인이 필요한 이유는 디파이 서비스 대부분이 이더리움 블록체인을 기반으로 개발됐기 때문이다. 디파이 서비스는 금융 서비스이므로 최대한 많은 종류의 암호화폐가 서비스 내에서 쓰여야 하는데, 이더리움이 아닌 비트코인을 쓸 수 없었다. 그 때문에 비트코인 가격을 추종하는 '이더리움 기반 비트코인'을 발행함으로써 디파이 서비스에서도 비트코인을 쓸 수 있게 한 것이다. WBTC는 디파이 서비스에서 활발히 이용되면서 시가총액이 크게 늘었다.

비트코인의 가격을 따라가므로 가격 전망은 비트코인과 같다. 이더리움 기반 디파이 서비스들이 없어지지 않는 한 WBTC도 계속 쓰일 전망이다.

시가총액 **20위**

솔라나(Solana) SOL

기술성: ★★★★　　사업성: ★★★★

가격: **Overweight**(기술적으로 장점이 있는 블록체인 플랫폼이다. FTX를 이끄는 샘 뱅크먼 프라이드가 주목하고 있다는 것도 강점)

솔라나 블록체인을 기반으로 디앱을 개발할 수 있는 블록체인 플랫폼 프로젝트다. 이더리움을 비롯한 대부분의 블록체인 플랫폼이 확장성이 부족하다는 비판을 받는 상황에서(거래량이 많아지면 과부하가 걸린다) 솔라나 역시 이 같은 문제를 해결하기 위해 나온 플랫폼이다.

기존에는 확장성 부족 문제를 해결하기 위한 기술로 샤딩(Sharding)이 주로 활용됐다. 샤딩은 거래량을 할당해 처리하는 기술을 말하는데, 솔라나는 확장성 부족 문제를 해결하면서도 샤딩을 활용하지 않는다. 샤딩은 처리할 거래량을 할당하는 과정이 불필요하게 복잡할뿐더러 네트워크 보안에도 악영향을 끼치기 때문이다. 대신 자체 암호화 기술을 적용한 '역사증명(PoH, Proof of History)' 합의 알고리즘으로 확장성과 보안, 속도를 확보했다(대안 기술로 확장성 문제를 해결했다는 정도로만 이해하면 된다).

솔라나는 2020년 이전에는 성능 좋은 블록체인 플랫폼 중 하나로만 간주됐는데, 2020년을 기점으로 크게 성장했다. 암호화폐 거래소 FTX와 손잡았기 때문이다. FTX가 솔라나를 기반으로 탈중앙화 거래소(DEX) '세럼'을 출시하고, DEX를 비롯한 디파이 서비스들이 붐을 일으키면서 솔라나도 어느 정도 이름을 알리기 시작했다. 솔라나 블록체인에서 쓰이는 암호화폐 솔라나(SOL) 가격도 많이 올랐다.

시가총액 **21위**

모네로(Monero) XMR

기술성: ★★★★　　사업성: ★★★

가격: Neutral(다크코인의 대표 주자로서 장단점을 모두 지닌다)

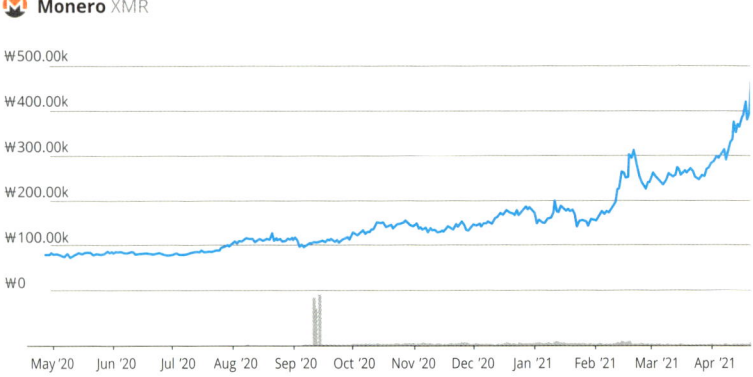

대표적인 '다크코인'이다. 다크코인이란 일반적인 암호화폐와 달리 발신자의 지갑 주소, 송금액 등을 블록체인상 데이터로 확인할 수 없는, 익명성이 강화된 암호화폐를 말한다.

다크코인은 장단점이 있다. 완벽한 익명성과 프라이버시를 보장할 수 있다는 장점이 있지만 범죄에 쓰이기도 쉽다는 단점이 있다. 실제로 모네로는 범죄에 여러 번 악용된 코인으로 잘 알려져 있다.

우리나라에서는 텔레그램을 이용한 성 착취 사건, 일명 'N번방'

사건을 통해 알려졌다. N번방 운영자들이 회원들로부터 가입비를 받을 때 일부는 모네로로 받았다는 사실이 알려지면서 국내에서는 모네로를 거래해선 안 된다는 여론이 퍼졌다.

이에 2021년 3월 25일부터 시행된 개정 특정금융정보법(특금법)에는 다크코인 취급을 금지하는 조항이 담겼다. 현재 국내 암호화폐 거래소들은 상장했던 다크코인을 모두 상장폐지한 상태다.

모네로 거래를 금지하는 국가들이 나오고 있는 만큼, 사용처를 늘려가는 다른 암호화폐와 달리 모네로는 사용처가 줄어들고 있다. 그럼에도 불구하고 프라이버시가 중요한 거래나 지하경제 거래에서는 모네로에 대한 수요가 계속 있기 때문에 시가총액이 줄어들기는 힘들 것으로 보인다.

시가총액 **22위**

테라(Terra) LUNA

기술성: ★★★★　　사업성: ★★★★

가격: Overweight(루나가 쓰일 수 있는 디파이 서비스들이 있는 점, 국내뿐 아니라 해외에서도 인기 있는 점을 고려했을 때 상승 여력이 있다)

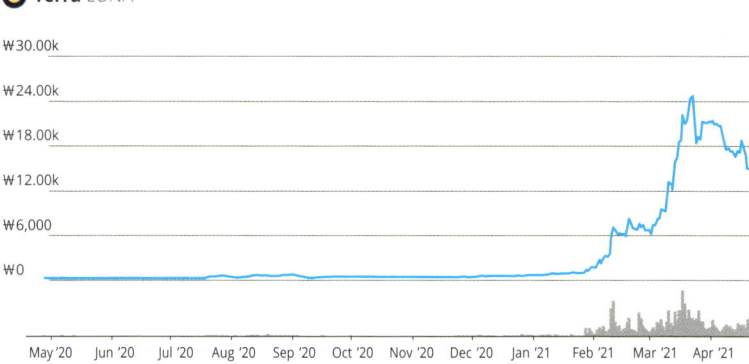

전 세계 암호화폐의 전광판 역할을 하는 코인마켓캡에는 루나가 '테라'로 표기되어 있지만 사실 두 암호화폐는 서로 다르다. 우선 테라는 신현성 티몬 창업자가 실리콘 밸리 출신의 권도형 대표와 함께 창업한 국내 블록체인 프로젝트다. 테라 프로젝트에는 가격이 안정적인 스테이블 코인인 '테라'가 있고, 테라의 가치 안정화를 위한 토큰 '루나(LUNA)'가 있다. 이중 토큰 구조를 통해 테라의 가치를 일정하게 만드는 방식이다. 테라의 가격은 일정하지만 루나의 가격은 변동할 수 있다.

2021년 들어 테라가 디파이 서비스 출시에 박차를 가하면서 루나의 가치가 상승하기 시작했다. 2021년 3월에 출시된 '앵커프로토콜'은 다른 디파이 서비스에 비해 비교적 높은 연 20%의 이자율을 내세웠다. 또 담보물로 맡긴 토큰도 유동화할 수 있다는 장점이 있어 관심을 모았다. 이 앵커프로토콜에서 루나가 쓰이기 때문에 루나의 수요가 커졌고, 가격이 크게 상승했다.

루나는 국내 암호화폐이지만 해외에서도 인기가 많다. 테라가 출시한 디파이 서비스들 역시 해외에서 인기가 많기 때문이다. 루나는 국내 거래소인 코인원, 빗썸, 업비트 등에서도 유의미한 거래량을 보이고 있지만 해외 거래소인 바이낸스에서의 거래량 점유율이 가장 높다.

루나가 쓰일 수 있는 디파이 서비스들이 있는 점, 국내뿐 아니라 해외에서도 인기가 있는 점 등을 고려했을 때 루나의 가격은 아직 상승 여력이 남아 있는 것으로 보인다.

시가총액 **23위**

클레이튼(Klaytn) KLAY

기술성: ★★★   사업성: ★★★★

가격: Overweight(국내 대표 코인처럼 여겨지면서 국내 투자자들에게 인기가 많다. 카카오를 업고 있으므로 사업성도 있는 편이다)

국내 IT 기업 카카오의 자회사가 발행한 암호화폐로, '카카오 코인'으로 유명하다. 정확히는 카카오의 블록체인 기술 계열사 그라운드X가 발행한 코인이다. 그라운드X는 자체 블록체인 플랫폼 '클레이튼(Klaytn)'을 개발했는데, 이 클레이튼의 기축통화로 쓰이는 암호화폐가 클레이(KLAY)다.

클레이튼은 블록체인 플랫폼이므로 클레이튼을 기반으로 다양한 디앱을 만들 수 있다. 그중에는 클레이를 활용하는 디파이 서비스도 있기 때문에 클레이의 수요도 꾸준히 증가해왔고 올해 들어 가격도 많이 상승했다.

클레이튼이 다른 블록체인 플랫폼에 비해 기술적으로 우수한지에 대해서는 업계 관계자들 사이에서도 의견 차이가 크다. 다만 카카오 블록체인으로 알려진 만큼 국내에서 디앱을 개발하고자 하는 프로젝트들에게 인기가 많다. 디앱 프로젝트들에게 거래 수수료를 면제해주는 등 디앱을 끌어들이려는 그라운드X 측 정책도 다양하다.

따라서 앞으로도 많은 디앱이 클레이튼을 기반으로 개발될 전망이다. 그중 상당수는 클레이를 사용할 가능성이 있으므로 클레이의 수요도 늘어날 전망이다. 가격 역시 상승 여력이 남았다고 볼 수 있다.

시가총액 **24위**

이오스(EOS) EOS

기술성: ★★★★   사업성: ★★★

가격: Neutral(확실한 커뮤니티와 팬덤이 있다. 기존 목표만큼의 성과는 내지 못했더라도 생태계를 끌고 가는 사람들이 있다는 게 강점)

3세대 블록체인 플랫폼이자 '이더리움 킬러'로 유명하다. 거래 속도 및 확장성이 부족한 이더리움 블록체인의 단점을 해결하겠다는 콘셉트로 ICO(암호화폐공개)에서 많은 자금을 모았고, 그만큼 출시 전부터 기대를 많이 받았던 블록체인이다. 이오스 메인넷(정식 버전)이 나오기도 전에 이오스를 기반으로 디앱을 개발하겠다는 곳도 많았다.

거래 속도 및 확장성 향상을 위해 이오스가 택한 것은 DPoS(Delegated Proof of Stake, 위임지분증명) 합의 알고리즘이다. 앞서 언급했듯 PoS는 해당 암호화폐를 보유하고 있는 지분율에 비례해 블록 생성에 기여하고, 암호화폐를 보상받는 합의 알고리즘을 말한다. 여기에 'Delegated(위임)'가 적용된 DPoS는 지분을 다른 사람(또는 팀)에게 위임함으로써 간접적으로 블록 생성에 기여한다. 간접 민주주의 방식이라고 할 수 있다. 지분을 위임받는 사람 또는 팀을 '블록 프로듀서(Block Producer, BP)'라고 한다.

출시 전부터 큰 기대를 받았던 이오스는 BP 투표 등 운영 면에서 많은 논란을 겪었다. 우선 암호화폐 EOS 보유자들의 투표로 선정된 21명의 블록프로듀서가 블록을 생성하는 DPoS의 특성은 '중앙화'됐다는 지적을 피하지 못했다. 투표가 공정하지 못하다는 지적도 세기됐다. 생산성이 뛰어난 BP 후보보다 EOS '고래(대량 보유자)'들과 친한 BP 후보들이 표를 많이 얻는다는 비판이 나온 것이다.

이런 크고 작은 논란을 겪으면서 이오스에 대한 기대감이 식게 되었고, 늘 10위권 내에 위치했던 시가총액도 점차 하락했다. 암호화폐 가격도 다른 메이저 암호화폐에 비해 크게 오르진 못했다.

다만 이오스 블록체인을 좋아하는 커뮤니티가 여전히 건재하고, 이오스의 탈중앙화 운영을 위해 여러 방안을 내놓고 있다는 점은 흥미롭다. 커뮤니티에 올라오는 제안들이 제대로 이루어진다면 향후 이오스의 발전을 기대해볼 수 있다.

시가총액 **25위**

아이오타(IOTA) IOTA

기술성: ★★★　　사업성: ★★★

가격: Neutral(사물인터넷을 콘셉트로 잡은 점은 특이하다)

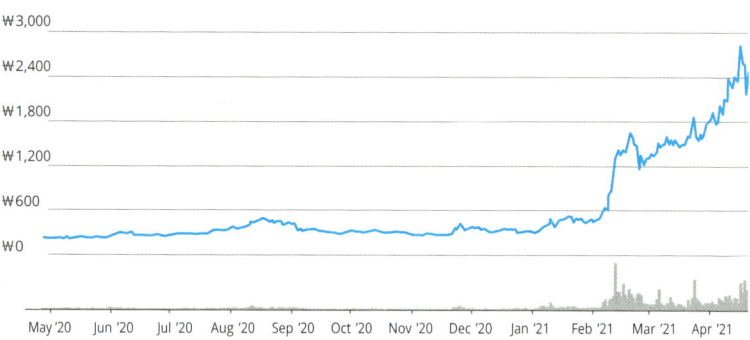

IOTA MIOTA

　사물인터넷(IoT)을 콘셉트로 한 암호화폐 중에선 대표적이다. 사물인터넷이란 모든 사물이 인터넷으로 연결되는 것을 말한다. 스마트폰, 가전제품, 자율주행차 등이 인터넷으로 연결되는 기술로 스마트 홈, 스마트 팩토리, 스마트 팜 등의 정보를 통합 관리할 수 있다.

　아이오타의 기반 기술은 일반적인 블록체인과 다른 '탱글(Tangle) 알고리즘'으로, 새로운 거래를 요청하는 자가 앞선 두 거래를 승인하는 방식이다. 일반적인 작업증명(PoW) 방식 블록체인은 새로운 거래가 들어오면 채굴자들의 승인을 거쳐 거래가 기록된다. 따라서 아이오타의 거래 속도는 상대적으로 빠른 편이다.

  사물인터넷이 보편화될 경우 장치끼리 데이터나 전기 같은 잉여 자원을 사고파는 일이 생길 수 있다. 암호화폐 아이오타(IOTA)는 이런 경우에 쓰일 전망이다. 앞으로 사물인터넷이 더욱 활성화되면 IOTA의 사용처도 늘어날 전망이다.

시가총액 **26위**

비트코인SV(BitcoinSV) BSV

기술성: ★★★   사업성: ★★

가격: **Neutral**(비트코인캐시와 마찬가지로 기존의 거대한 포부를 달성하지 못했다. 다만 사토시 정신을 계승해야 한다는 진영 목표는 주목할 만하다)

비트코인에서 하드포크가 발생해 비트코인캐시가 나오고, 비트코인캐시에서 또 한 번 하드포크가 발생해 비트코인SV가 됐다. 앞서 언급했듯 하드포크란 블록체인의 업그레이드 방식 중 하나로, 기존 블록체인 네트워크를 쪼개 새로운 체인을 만듦으로써 기능을 업그레이드하는 것을 말한다.

   비트코인SV는 단순히 기능을 업그레이드하기 위해 하드포크를 한 경우가 아니라, 기존 블록체인 진영과 갈라서 새로운 블록체인을 만들기 위해 하드포크를 한 경우다. SV가 Satoshi's Vision의 약어인 만큼, 비트코인SV는 사토시 나카모토 비트코인 백서의 기조 정신을 계승해야 한다고 주장하는 쪽이다.

2020년 말부터 2021년까지 이어진 상승장에서 비트코인SV는 다른 암호화폐에 비해 상승 폭이 낮은 편에 속한다. 한때 시가총액 5위권이었던 적도 있었지만, 현재는 20~30위권을 맴돌고 있다.

비트코인SV가 기대에 못 미친 배경에는 비트코인SV를 이끄는 크레이그 라이트(Craig Wright)가 있다. 크레이그 라이트 박사는 호주의 컴퓨터과학자이자 자신이 비트코인 창시자인 사토시 나카모토라고 주장하는 인물이다. 그동안 수차례 자신이 사토시임을 증명하려 했지만 법정에서도 확실히 밝히지 못했고, 이후에도 비트코인 개발자들을 대상으로 저작권 소송을 벌이는 등 이상 행보를 보여 비트코인SV 진영의 전체적인 신뢰도도 떨어뜨렸다. 앞으로도 라이트 박사로 인한 이슈가 이어질 것으로 보인다.

시가총액 **27위**

크립토닷컴체인
(Crypto.org Chain) CRO

기술성: ★★★   사업성: ★★★★

가격: **Overweight**(가상자산 금융과 관련한 거의 모든 서비스를 내놓고 있는 블록체인 프로젝트)

Crypto.com Coin CRO

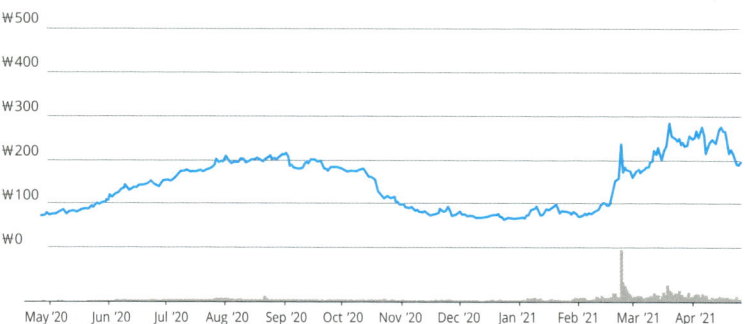

크립토닷컴은 가장 대표적인 암호화폐 서비스를 제공하고 있다. 바로 결제다. 지금은 세계 최대 결제 기업 페이팔이 가상자산 결제를 지원하고 있고, 우리나라에서도 다날의 페이코인(Paycoin)이 유사 서비스를 제공하고 있다. 크립토닷컴은 암호화폐 결제 서비스가 별로 없었을 때부터 서비스를 개발하며 독보적인 위치를 구축했다.

결제 서비스로 시작한 크립토닷컴은 '모두의 지갑에 암호화폐를 담겠다'는 목표로 카드, 거래소, 송금 등으로 서비스를 확장했다. 크립토닷컴 앱에서는 암호화폐를 구매 및 거래할 수 있고, 송금도 할 수 있다. 크립토닷컴 카드는 비자와 파트너십을 맺고 비자 가맹점에서 암호화폐 결제가 가능하도록 지원한다. 이 모든 서비스에서 크립토닷컴 코인(CRO)이 기축통화처럼 쓰인다.

신사업도 다양하게 전개하고 있다. 2020년 암호화폐 업계 최대 화두였던 디파이와 2021년 최대 화두인 NFT 분야에서도 모두 서비스를 출시했다. 디파이의 경우 CRO를 스테이킹(예치)하고 이자를 받는 서비스, CRO를 다른 디파이 토큰으로 맞바꾸는 스왑(Swap) 서비스 등을 제공한다. NFT를 거래할 수 있는 마켓 플레이스도 제공하고 있다.

디파이, NFT 등 유행 분야에서 이미 서비스를 출시한 점을 고려하면 크립토닷컴은 서비스 업데이트 속도가 빠르다고 볼 수 있다. 다양한 서비스들이 모두 CRO의 사용처임을 고려하면 CRO의 수요는 앞으로 더 늘어날 전망이다. 가격 면에서도 상승 여력이 있는 것으로 보인다.

시가총액 **28위**

이더리움클래식(Ethereum Classic) ETC

기술성: ★★★　　사업성: ★★

가격: Neutral(이더리움에 비해 많이 부족한 성과. 이더리움이 '이더리움 2.0'으로 전환하면서 기존 이더리움 채굴자들이 이더리움 클래식으로 옮겨간다는 추측이 있지만, 이 외에 주목할 만한 특징은 없다)

2016년에 있었던 이더리움 '더다오' 해킹 사건을 계기로 이더리움이 두 개로 분리됐다. 이더리움은 탈중앙화를 지향하기 위해 '탈중앙화 자율조직'이라는 뜻의 DAO(Decentralized Autonomous Organization) 형태로 운영됐고, 더다오는 이더리움 운영을 위한 자율 조직이자 커뮤니티였다. 다오는 블록체인상 스마트 콘트랙트, 즉 코드에 따라 움직였는데 2016년 6월에 해커들이 더다오의 보안 취약점을 이용해 해킹을 감행했다.

  더다오가 해킹당하면서 이더리움 커뮤니티는 하드포크를 통해 문제를 해결하기로 했다. 하드포크는 보통 기존 블록체인 네트워크와 갈라서는 업그레이드 방식을 말한다. 일반적으로는 기능 업그레이드를 위해 하드포크를 하는 경우가 많지만, 더다오 해킹 사건 때는 해킹으로 인한 문제를 해결하고자 하드포크를 감행했다. 당시 하드포크는 블록체인 원장에서 해킹과 관련된 부분만 수정해 해킹당하기 전 상태로 되돌리는 방식이었다. 즉, 해킹당하기 전 상태로 '수정된' 이더리움 블록체인이 현재의 이더리움이다.

  하지만 일부 사람들은 해킹당하기 전 상태로 되돌리는 것이 이더리움의 탈중앙화 정신을 위배한다고 주장했다. 해킹 기록이 남더라도, 남은 상태로 블록체인을 유지해야 한다는 것이다. 이에 이더리움상 기록을 수정하지 않고 그대로 남긴, 수정되지 않은 이더리움 블록체인이 '이더리움클래식'으로 자리하게 됐다. 이더리움클래식상에서 쓰이는 암호화폐가 ETC다.

  탈중앙화 정신을 지킨 건 이더리움클래식이었지만, 이후에 성장한 건 이더리움이다. 이더리움 블록체인을 기반으로 다양한 서비스가 개발되면서 이더리움은 현재까지 승승장구하고 있다. 오히려 지금은 이더리움클래식이 이더리움과 호환되기 위해 힘쓰는 모습이다. 역사가 오래된 블록체인임에도 불구하고 괄목할 만한 성과를 보여주지 못했고, 이더리움에 비해 많이 뒤떨어진다는 아쉬움이 있다.

시가총액 **29위**

다이(Dai) DAI

기술성: ★★★★　　사업성: ★★★

가격: **Neutral**(스테이블 코인이므로 가격 전망은 없다. 디파이의 선두 주자이자 대표 주자. 알고리즘 기반 스테이블 코인을 처음으로 설계했다는 건 영원한 강점이자 장점이다)

대표적인 디파이 서비스 메이커다오에서 만든 스테이블 코인이다. 디파이의 시초 격인 메이커다오는 이더리움(ETH), 베이직어텐션토큰(BAT) 등 암호화폐를 담보로 스테이블 코인 DAI를 대출해주는 랜딩(대출) 서비스다.

DAI의 가치는 블록체인상 스마트 콘트랙트, 즉 일종의 알고리즘에 의해 1달러로 유지된다. 이 알고리즘을 '담보부채권포지션(Collateralized Debt Position, CDP)'이라고 부른다.

1달러를 기준으로 DAI 가치가 하락하면 사용자는 DAI를 생성하기 위해 더 많은 ETH를 담보로 맡겨야 한다. 그러면 DAI에 대한 수요가 줄고 이어서 공급량도 감소하게 된다. 이를 통해 DAI의 가격이 다시 1달러에 수렴하게 된다. 반대로 DAI의 가치가 상승하면 더 많은 사람이 DAI를 생성할 것이고 가치는 자연히 떨어지게 된다.

　시장이 불안정하면 위와 같은 시스템이 제대로 작동하지 않을 수 있다. 이를 대비해 메이커다오는 '목표 비율 피드백 메커니즘(TRFM)'을 구상했다. CDP의 비율, 즉 담보 대비 생성 가능한 DAI의 목푯값을 조정해 DAI를 지급받는 데 맡겨야 할 ETH의 수를 상황에 맞게 변경하는 것이다.

　현재 메이커다오는 담보로 맡길 수 있는 암호화폐를 계속 추가하고 있다. 다양한 암호화폐를 담보로 맡기게 되면서 DAI를 대출하려는 수요도 늘고 있다. 또 2020년 디파이 붐이 불면서 메이커다오와 비슷한 서비스들이 우후죽순으로 생겨났다. 이후 메이커다오뿐 아니라 스테이블 코인이 필요한 다른 디파이 서비스들도 DAI를 쓰게 됐다. 이처럼 DAI의 수요는 꾸준히 증가하고 있다.

　DAI의 수요가 증가하더라도 DAI는 스테이블 코인이므로 투자 가치가 없다. 단, 메이커다오 프로젝트에 투자하고 싶다면 메이커(MKR) 토큰에 투자하면 된다. DAI 사용자는 별도로 '가치 안정화 수수료(Stability fee)'를 내야 하는데 이때 사용하는 토큰이 MKR이다. 이 MKR 토큰은 메이커다오 플랫폼의 거버넌스에서도 중요한 역할을 한다. 투표에 사용되기 때문이다. 투표로 결정된 사안은 메이커다오 플랫폼의 정책에 반영된다.

시가총액 **30위**

코스모스(Cosmos) ATOM

기술성: ★★★★   사업성: ★★★

가격: Neutral (인터체인의 대표 주자이며 팬덤도 있다. 기술력은 확실한 편)

대표적인 인터체인 블록체인이다. 인터체인이란 서로 다른 블록체인이 통신할 수 있도록 이어주는 것을 말한다.

코스모스는 '텐더민트 비잔틴 장애 허용(Tendermint Byzantine Fault Tolerant, TBFT)'이라는 독특한 합의 알고리즘을 사용한다. TBFT에는 PoW(Proof of Work, 작업증명) 알고리즘과 PoS(Proof of Stake, 지분증명)의 특징이 모두 담겨 있다.

코스모스 블록체인 네트워크는 검증자에 의해 운영되는데, 코스모스의 검증자들은 비트코인의 채굴자들과 비슷한 역할을 한다. 합의를 통해 블록을 생성하는 PoW 방식이다. 단, 다음 블록에 대해 합의하기 위해 투표를 진행하는데, 이때 투표 권한은 투표권이 담보로 묶인 토큰의 양에 따라 달라진다. 이는 PoS의 특징을 적용한 것이다.

검증자가 아닌 구성원들은 코스모스의 암호화폐 아톰(ATOM)을 검증자들에게 위임하고, 보상을 나눠 가질 수 있다. 이때 코인을 위임받은 검증자가 해킹을 당하거나 규칙을 위반할 경우 처벌받을 수 있다.

코스모스는 블록체인상 서비스를 쉽게 만들 수 있도록 기능을 제공한다. 개발자가 디앱 개발에만 집중할 수 있도록 코스모스 SDK를 제공하고, 또 다른 블록체인으로부터 데이터를 가져올 수 있도록 인터체인 솔루션인 'IBC'를 제공한다.

이 같은 기술력 덕분에 코스모스는 출시 당시부터 주목받았지만 현재는 폴카닷, 바이낸스 스마트체인 등 후발 주자로 나타난 블록체인 플랫폼에 비해 뒤처지고 있다.

핵심정보
벌집계좌. 내 계좌인데 내 것이 아니라고?!

암호화폐를 거래하다 보면 '벌집계좌'란 얘기를 듣게 된다. 벌집계좌가 뭐지? 벌들은 무리를 지어 산다. 작은 육각형 방들이 위, 아래, 좌우로 연결돼 하나의 벌집을 만든다. 한 덩어리인데 작은 방으로 촘촘히 나뉘어 있다. 거래소 벌집계좌도 마찬가지다. 거래소 계좌 하나를 고객들이 촘촘히 나눠 쓴다고 보면 된다. 벌집 속 육각형 하나가 나의 계좌가 되는 셈이다.

거래할 때는 별다른 불편을 느끼지 못한다. 그러나 벌집계좌는 내 것인데, 내 것이 아니라는 단점이 있다. 좋을 때는 아무 문제가 없는데 사달이 나면 처리할 방법이 없다.

    서울 달빛 아래 밤들이 노니다가
    들어가 자리 보곤 가랑이 넷이어라
    둘은 내엇고 둘은 뉘에고
    본디 내해다마난 앗아 간 걸 어찌하릿고

처용가다. 슬픈 일이다. 내 것인줄 알았는데 남의 것이라니! 벌집계좌도 마찬가지다. 은행에 내 이름으로 된 계좌가 아니라 거래소 계좌에 내 돈이 들어가 있다. 내 돈이라 믿고 있는 잔액은 은행이 내 돈이라고 보장해주는 돈이 아니다.

거래소가 '당신 돈이 얼마다'라고 표시해줬을 뿐이다. 잔액을 은행이 보장해주는 게 아니라 거래소가 보장해준다는 의미는 뭘까? 거래소가 망하거나 거래소 경영진이 나쁜 마음을 먹고 횡령할 경우 돈을 돌려받을 길이 없다는 의미다.

정부가 법과 제도로 보호하는 금융시스템 밖에 있는 게 벌집계좌다. 정부에 하소연하기 힘들다. 내 돈을 빼앗긴 마음도 아내를 빼앗긴 처용처럼 아프다. 일어나서는 안 될 일이지만 종종 일어난다.

고객 입장에서는 내 이름으로 된 실명계좌가 안전하다. 9월부터 특금법이 본격적으로 시행되면 벌집계좌는 쓸 수 없다. 은행과 '실명 확인 입출금 계정(실명계정)' 계약을 맺은 암호화폐 거래소만 이용하는 것이 좋다. 내 돈은 내가 지켜야 한다.

정부가 실명계정을 요구하는 것은 '내 돈을 보호해주려는 이유'도 있지만 '내 돈을 들여다보려는 이유'가 강하다. 처용의 다리를 '지켜주겠다'기보다는 '지켜보겠다'는 목적이 먼저다.

정부는 암호화폐 때문에 발생하는 여러 가지 사건 사고들, 롤러코스터 같은 가격 변화 때문에 사회문제가 발생하는 것을 싫어한다. 그리하여 암호화폐가 범죄행위에 쓰이거나 검증되지 않은 거래소가 고객 돈을 가로채는 것을 막는 수준에서 특금법을 개정했다. 2022년부터 시행되는 암호화폐 양도차익 과세를 위해서도 거래소를 통해 납세 정보를 파악하는 게 필요하다.

시가총액 **31위**

토르체인(THORChain) RUNE

기술성: ★★★★   사업성: ★★★

가격: Overweight(크로스체인 기반 DEX라는 점이 특이하다. 랩핑 코인을 써야 하는 불편함을 없앤 게 특장점)

서로 다른 블록체인 간에는 어떻게 정보를 교환할까? 이 문제를 풀기 위한 기술이 크로스체인이다. 토르체인은 크로스체인을 바탕으로 하는 탈중앙화 거래소(DEX)다. 대표적인 DEX인 유니스왑과 비슷한 형태이지만, 블록체인 간 데이터 교환을 지원하는 크로스체인을 기반으로 한다.

크로스체인 DEX의 장점은 '랩핑 코인'이 필요 없다는 점이다. '랩핑'은 '포장하다(Wrap)'에서 비롯된 말로, 이더리움 블록체인을 기반으로 하지 않는 코인을 이더리움상으로 포장해 오는 것을 말한다. 예를 들어 비트코인(BTC)은 이더리움 기반 코인이 아니므로 이더리움상 서비스에서 비트코인을 사용하려면 비트코인을 이더리움 네트워크로 불러와야 한다. 즉, 이더리움 기반 DEX나 디파이 서비스들은 이 랩핑 코인을 이용해야 한다.

하지만 서로 다른 블록체인 간 데이터 교환이 가능할 경우 랩핑 코인을 이용하지 않아도 다른 블록체인 기반 암호화폐를 그대로 이용할 수 있다. 다양한 암호화폐를 거래할 수 있다는 장점 때문에 토르체인은 단기간에 큰 인기를 얻었다. DEX 내 기축통화로는 토르체인의 암호화폐 'RUNE'이 쓰인다.

크로스체인을 지원하기 때문에 암호화폐와 암호화폐를 교환하는 데 활발히 쓰일 전망이다. DEX를 비롯한 디파이 생태계에서 주목받을 가능성이 큰 프로젝트다.

시가총액 **32위**

바이낸스 USD
(Binance USD) BUSD

기술성: ★★★   사업성: ★★★

가격: Underweight (바이낸스가 잘나가는 만큼 전망은 밝으나 기술적 특이점은 없다)

Binance USD BUSD

바이낸스 USD는 세계 최대 암호화폐 거래소인 바이낸스가 2019년 9월 5일에 출시한 미국 달러와 연동되는 스테이블 코인이다. 바이낸스는 BUSD를 발행하기 위해 스테이블 코인 발행 업체인 팍소스(Paxos)를 발행사로 정하고 파트너십을 체결했다.

바이낸스 USD는 뉴욕 금융감독청으로부터 유통 허가 승인을 받았다. 이를 통해 세계 최초로 정부의 규제를 받는 스테이블 코인이라는 기록을 달성했다. 달러화의 안정성을 블록체인 기술로 융합하는 것을 목표로 삼고 있다. 이 코인은 바이낸스에서 비트코인, 바이낸스코인, 리플 등을 거래할 때 사용할 수 있다.

바이낸스 USD는 저렴한 수수료로 몇 분 안에 원하는 거래소에 전송할 수 있다. 서로 다른 중앙화 거래소나 탈중앙화 거래소에서도 거래할 수 있다. 이자를 받기 위해 예치할 수 있고, 상품 및 서비스 결제 용도로도 사용할 수 있다.

바이낸스 USD를 담보 및 대출 자산으로 사용할 수 있고 선물 계약 담보로도 이용 가능하다. 거래소나 지갑에 보관할 수 있다. 현재 유통량은 4,927,778,712BUSD이다. 바이낸스, 코인타이거, VCC 익스체인지, 히트BTC, 체인질리프로 등의 암호화폐 거래소에 상장되어 있다.

시가총액 **33위**

FTX 토큰(FTX Token) FTT

기술성: ★★★　　사업성: ★★★
가격: Neutral(평범한 거래소 전용 토큰이다)

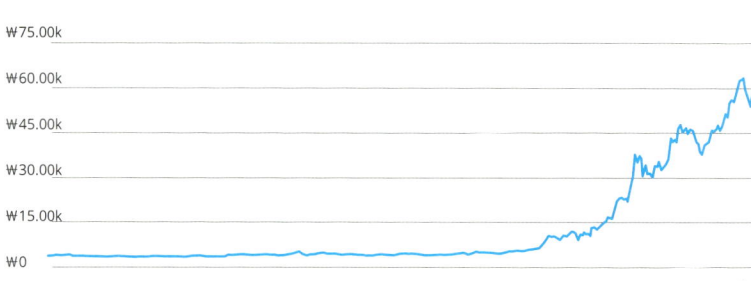

FTX 토큰은 2019년 5월 8일에 출시된 암호화폐 거래소 FTX의 자체 토큰이다. FTX의 대표 샘 뱅크맨 프리드(Sam Bankman-Fried)와 공동 창업자 게리 왕(Gary Wang)이 만들었다. 이 토큰은 암호화폐 파생상품 거래에 주로 사용된다.

　기존 암호화폐 선물거래소에서는 별도의 토큰 지갑에 담보가 쪼개져 있었다. FTX는 거래소 지갑 하나만 있으면 된다.

　FTX는 기관투자자를 중심으로 선물, 레버리지, 장외거래 등을 제공하는 암호화폐 파생상품 거래소다. FTX 토큰은 FTX 네트워크 효과와 수요를 증가시키기 위해 고안된 FTX 생태계의 중추이다. FTT는 2021년 2월 기준 약 9,400만 개의 토큰을 유통하고 있으며, 총 공급량은 약 3억 4,500만 개다. 이 토큰은 '레더 나노 X/S 하드웨어' 지갑을 사용한다. 사용자는 이더리움 디앱을 통해 토큰을 안전하게 저장하고 관리할 수 있다. 보안 감사는 모두 블록체인 컨실리움 회사가 담당한다. FTX 토큰은 바이낸스, 히트BTC, FTX, 후오비 글로벌 등에서 구입할 수 있다.

시가총액 **34위**

에이브(Aave) AAVE

기술성: ★★★   사업성: ★★★★
가격: Neutral(디파이 프로젝트 중 규모가 큰 편이라 사업 전망이 밝은 편)

에이브(AAVE)는 암호화폐를 대출할 수 있는 분산형 금융(디파이) 프로토콜이다. 디파이 정보 사이트 '디파이 펄스(DeFi Pulse)' 기준 시가총액 4위를 차지하고 있다. 고객은 디지털 자산을 유동성 풀에 예치해 이자를 얻을 수 있다. 또 이 유동성을 이용해 자신의 암호화폐를 담보로 대출을 받을 수 있다.

에이브는 코인 소유자에게 수수료를 할인해주는 혜택을 제공한다. 거버넌스 토큰 역할도 해 소유자에게 에이브 네트워크 향후 개발에 대한 발언권도 부여한다.

에이브는 핀란드어로 '유령'이라는 뜻이며, 2017년 11월 이더랜드(ETHLend)로 출시되었으나 2018년 9월에 에이브로 이름을 바꿨다. 에이브는 스타니 쿨레초프(Stani Kulechov)가 만들었다. 그는 이더리움에 대출 앱이 없다는 사실을 깨닫고 디파이가 유행하기도 전에 에이브를 개발했다.

쿨레초프는 10대에 법대에 진학해 프로그래밍을 시작한 사업가이다. 그는 이더랜드의 이름을 에이브로 바꾸면서 더 광범위한 서비스를 제공하고 싶다고 밝힌 바 있다. 그는 에이브의 주요 타깃 고객층이 암호화폐 업계에 종사하는 사람들이라고 말했다.

에이브는 20여 개의 암호화폐 대출을 지원하기 때문에 다른 코인보다 넓은 선택폭을 제공한다. 에이브의 대표적인 상품은 '플래시 론'이다. 에이브는 디파이 시장에서 처음으로 무담보 대출 옵션을 제공했다. 에이브를 통해 대출 받은 사람이 고정금리와 변동금리를 번갈아 받을 수 있다는 점도 매력 포인트이다.

에이브 토큰은 ERC-20을 기반으로 만들어졌으며, 토큰이 부족할 경우 마지막으로 수탁된 토큰이 담보로 사용된다. 에이브는 코인DCX, 바이낸스, 코인베네, 오케이이엑스 등에서 구입할 수 있다.

시가총액 **35위**

비트토렌트(BitTorrent) BTT

기술성: ★★　　사업성: ★★★★

가격: Overweight (트론이라는 튼튼한 모회사가 있음. 그러나 기술적 특징은 약함)

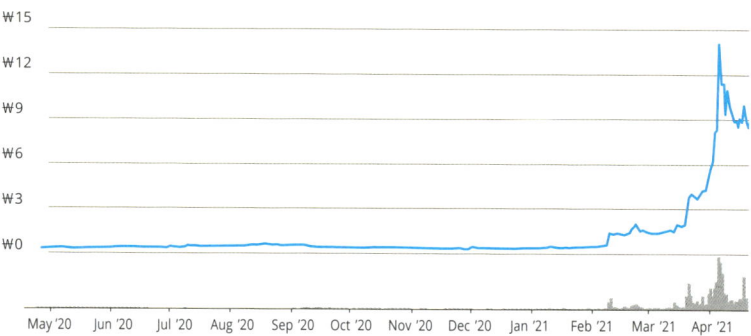

BitTorrent BTT

비트토렌트(BTT)는 개발자 겸 사업가인 브램 코헨(Bram Cohen)이 2001년 7월에 출시했다. 코헨은 기존 엔터테인먼트 사업의 주도권을 빼앗기 위해 비트토렌트를 개발했다고 밝혔다. 비트토렌트는 P2P 파일 공유 플랫폼이다. 코헨이 "음악이나 영화 등의 파일을 사용자가 공유하는 것은 저작권법에 위배되지 않는다"라는 입장을 고수했기 때문에 여러 차례 법적 분쟁에 휘말렸다.

그러다 지난 2018년 7월 트론 창시자 저스틴 선에게 인수됐다. 트론에 인수된 후 비트토렌트는 동명의 자체 암호화폐를 트론 블록체인 기반으로 출시했다. 저스틴 선은 워런 버핏과의 점심식사를 위해 450만 달러를 지불해 암호화폐를 널리 알린 것으로 유명하다. 트론에 인수된 이후 비트토렌트는 광고 없이 파일 공유가 가능한 프리미엄 버전을 출시했다.

　백서에 따르면 총 공급량은 9,900만 개이다. 2025년까지는 이 중 20.1%에 해당하는 물량은 에어드롭(대중에게 무상으로 제공) 용도로 사용하도록 배정되어 있다. 19.9%는 비트토렌트 생태계 발전 용도로 유통되고 있다. 나머지 4%는 파트너십을 위한 용도로 배정했다. 비트토렌트는 바이낸스, 후오비, 오케이이엑스 등에서 거래할 수 있다.

시가총액 **36위**

테조스(Tezos) XTZ

기술성: ★★★　　사업성: ★★★★

가격: Neutral(은행 등 금융기관에서 많이 활용되고 있기 때문에 사업 전망이 좋다)

테조스(XTZ)는 아서 브라이트만(Arthur Breitman)이 2014년 9월에 개발한 암호화폐이다. 테조스 메인넷은 계속 연기되다가 4년이 지나서야 출시됐다. 테조스는 이더리움과는 다른 방식으로 스마트 콘트랙트를 제공하는 블록체인이다.

테조스 창시자 아서 브라이트만과 아내 캐슬린 브라이트만(Kathleen Breitman)은 테조스를 뒷받침하는 코드를 작성하는 업무를 맡은 '다이나믹 레저 솔루션'이라는 스타트업을 창립했다. 이후 테조스 재단이 해당 업체를 인수했다.

테조스는 이더리움과 달리 하드포크 없이 네트워크 발전을 목표로 한다. 단, 테조스는 이더리움과 마찬가지로 지분증명을 채택하고 있다. 테조스 투자자들은 테조스 토큰을 예치해 테조스 생태계 발전 사항에 대한 의견을 표시할 수 있고, 투표권을 행사할 수 있다. 이를 스테이킹(staking)이라고 한다.

암호화폐 스테이킹은 블록체인 프로젝트 전반이 갖추고 있는 특징이지만, 테조스는 '베이킹'이라는 시스템을 갖고 있다. 베이킹은 23일에 걸쳐 4단계의 절차를 통해 진행된다. 참가자들이 특정 제안에 대한 찬반 투표를 진행하는데, 지지를 얻은 제안은 48시간 동안 테스트넷을 통해 구현된다. 참가자들은 인센티브로 테조스 토큰을 받는다.

2020년 9월 프랑스 은행 소시에테제네랄(Société Générale)은 테조스 블록체인을 기반으로 중앙은행 디지털 화폐 실험을 진행하겠다고 밝힌 바 있다. 점점 더 많은 기업이 테조스를 사용하고 있다. 테조스 유통량은 766,422,264개이다. 바이낸스, 오케이이엑스 등 주요 거래소에서 구입해 거래할 수 있다.

시가총액 **37위**

아발란체(Avalanche) AVAX

기술성: ★★★　　사업성: ★★

가격: Neutral(원대한 계획에 비해 아직 사업 성과가 적음)

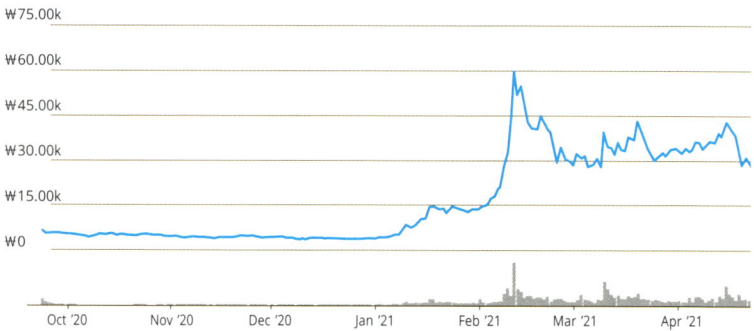

아발란체는 디파이 서비스를 위한 멀티체인 플랫폼이다. 아발란체는 에민 군 시러(Emin Gün Sirer), 케빈 세크니키(Kevin Sekniqi), 마오판 테드 인(Maofan Ted Yin) 등 세 명의 컴퓨터 공학자가 개발했다.

아발란체는 세계적인 자산 거래소로 누구나 자신의 자산을 출시해 거래할 수 있도록 만드는 것이 목표이다. 아발란체 개발사 아바랩스(AVA Labs)는 아발란체가 1초 미만의 거래를 확인할 수 있게 만든 최초의 스마트 콘트랙트 네트워크라고 주장한다.

아발란체는 비트코인보다 더 많은 거래를 처리할 수 있다. 아바랩스는 아발란체 거래 처리량이 비자와 같은 대기업들과 맞먹는다고 주장한다. 또한 아발란체는 사용자에게 스테이킹한 코인만큼 보상을 제공하는 지분증명을 채택하고 있다.

지분증명은 네트워크를 공격하는 데 필요한 비용이 적고, 심각한 취약성을 노출한 적도 있어 허점이 많다는 비난을 받았다. 아바랩스는 아발란체의 경우 해커가 공격에 필요한 합의를 얻지 못하도록 거버넌스를 계속 변경해 안전하다고 말한다.

아발란체의 총 공급량은 7억 2천만 개이다. 이 중 절반은 제네시스 블록(블록체인에 처음 형성된 블록)에 들어 있다. 나머지 절반은 아발란체 백서에 따라 공급된다. 아발란체의 특이점은 커뮤니티 합의에 따라 코인 유통 속도를 변경할 수 있다는 것이다. 단, 공급량의 한도는 바꿀 수 없다.

시가총액 **38위**

네오(Neo) NEO

기술성: ★★★   사업성: ★★

가격: Neutral(한때 중국에서 유명한 프로젝트로 이름을 날렸으나 현재는 기세가 위축됐다)

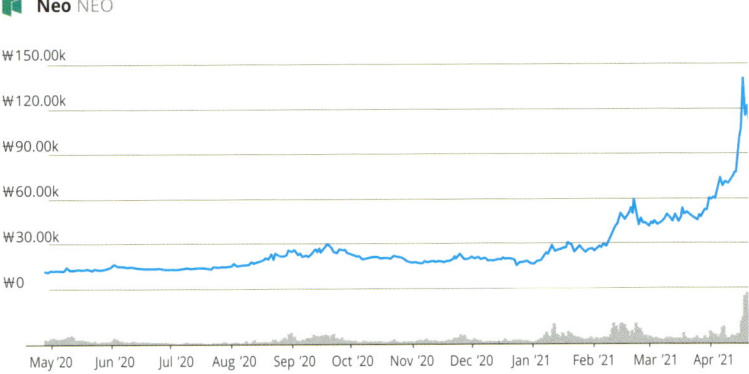

네오는 2014년 2월 중국에서 처음 출시된 블록체인 프로젝트 중 하나이다. 한때 '중국의 이더리움'이라는 별명으로 불렸다. 처음에는 '앤트셰어(Antshare)'라는 이름이었으나 3년 후 네오로 바꿨다. 네오 창시자는 다 홍페이(Da Hongfei)와 에릭 장(Erik Zhang)이다. 이들은 인터넷은 훌륭한 상품이지만 자신의 데이터를 직접 통제할 수 없다는 단점이 있다고 말했다. 이는 네오를 개발하게 된 계기 중 하나가 되었다.

네오는 이더리움처럼 개발자들이 디앱과 스마트 콘트랙트 기반

상품을 만들 수 있는 네트워크다. 네오의 특징은 계속해서 업그레이드된다는 것이다. 최근에는 보안 수준을 높이고 더 많은 거래를 처리할 수 있는 '네오 3.0'을 출시했다. 네오는 네오(NEO)와 가스(GAS)라는 두 가지 토큰을 기본 토큰으로 사용한다. 네오는 투자자들이 투자 용도로 활용하면서 블록체인 개선을 위한 투표권으로도 쓰인다. 가스는 네오 네트워크에서 발생한 거래에 대한 수수료 지불 용도이다.

현재 네오 유통량은 7,500만 개이며, 총 공급량은 1억 개다. 네오 토큰은 채굴되지 않으며 1억 개의 토큰이 서비스를 시작할 당시 모두 생성됐다. 이 중 절반은 토큰 세일 참여자에게, 나머지 절반은 개발자와 재단에 50 대 50으로 배분됐다.

반면, 가스는 새 블록이 생성되는 시간인 20초에 1개씩 생성된다. 생성되는 가스 토큰 수는 매년 감소하기 때문에 네오는 가스 토큰이 모두 유통되는 데 22년이 걸릴 것으로 예상하고 있다.

시가총액 **39위**

알고랜드(Algorand) ALGO

기술성: ★★★　　사업성: ★★

가격: Neutral(영지식 증명의 대표 주자였던 코인이지만 현재는 경쟁자의 명성에 가려졌다)

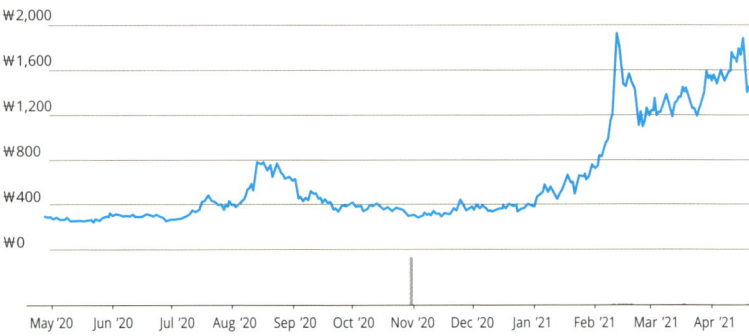

알고랜드는 매사추세츠 공과대학 컴퓨터학과 교수 실비오 미칼리(Silvio Micali)가 창시한 암호화폐다. 미칼리 교수는 전자화폐, 암호화폐, 블록체인 프로토콜 이론과 구현에 공헌한 공로로 2012년 튜링상을 수상했다. 알고랜드는 또한 광범위한 앱을 지원하는 블록체인 네트워크이다. 알고랜드 메인넷은 2019년 6월에 출시됐으며, 2020년 12월 기준 하루에 약 100만 건의 거래를 처리하고 있다.

알고랜드는 거래 처리 속도를 향상하고 효율성을 강화하기 위해 탄생했다. 알고랜드는 제3자의 허락이 필요 없는 순수 지분증명 프로토콜을 기반으로 한다. 다른 암호화폐들처럼 채굴하는 데 에너지를 쓸 필요가 없고 거래 수수료도 낮다.

알고랜드 블록체인은 추첨을 통해 선택된 검증인이 새로운 블록을 검증해야 하는 작업증명과 달리 새로운 블록을 만들기 위해서는 모든 검증자가 합의만 하면 된다.

알고랜드 총 발행량은 100억 개다. 알고랜드 토큰 배분은 애초에 2024년까지 완료할 예정이었으나, 2030년으로 계획을 연장했다. 알고랜드는 빗썸, 업비트, 코인베이스, 바이낸스, 오케이이엑스, 크라켄, 후오비 등의 거래소에서 매수해 거래할 수 있다.

시가총액 **40위**

쿠사마(Kusama) KSM

기술성: ★★★   사업성: ★★★
가격: Underweight(폴카닷의 사촌인 만큼 전도유망한 코인)

쿠사마는 이더리움 공동 창립자인 개빈 우드가 만든 암호화폐다. 그가 만든 다른 암호화폐인 폴카닷과 마찬가지로 여러 블록체인을 연결해 사용할 수 있는 멀티체인 플랫폼이다. 그래서 쿠사마는 '폴카닷의 사촌'이라는 별명이 있다. 쿠사마는 폴카닷과 거의 동일한 코드 구조를 갖고 있다.

　쿠사마는 개빈 우드의 패리티 테크놀로지가 개발한 블록체인 키드를 기반으로 한다. 패리티 테크놀로지는 세계적으로 명망이 높은 블록체인 엔지니어들로 구성된 팀을 보유하고 있다.

또한 쿠사마는 탈중앙화 소프트웨어 기술과 앱을 육성 및 관리하기 위해 출범한 웹3 재단에서 자금을 받아 운영하고 있다. 웹3 재단은 쿠사마 기반 프로젝트들의 연구와 커뮤니티 개발을 지원한다. 웹3 재단은 쿠사마와 마찬가지로 폴카닷도 지원하고 있다.

쿠사마는 폴카닷보다 빠른 거래 처리 기능을 갖추고 있어 폴카닷에서는 아직 제공하지 못하는 확장성 및 상호 운용성이 높은 네트워크 접속을 돕는다. 쿠사마는 자체 블록체인을 만들려는 개발자들을 위한 실험실을 제공한다.

폴카닷에 프로젝트를 정식으로 출시하기 전에 테스트를 위해 쿠사마를 활용할 수 있게 설계됐다. 쿠사마는 폴카닷에 비해 진입장벽이 낮고, 검증인이 되기 위한 조건도 까다롭지 않기 때문에 스타트업과 예비 사업자들이 많이 이용한다.

쿠사마는 분산형이며 제3자의 허가가 필요 없는 블록체인이어서 누구나 투표를 통해 업그레이드, 프로토콜 변경 등에 참여할 수 있다. 쿠사마의 거버넌스 투표 절차는 15일로, 폴카닷보다 4분의 1 이하로 단축된 기간을 자랑한다.

2021년 4월 기준 쿠사마 유통량은 847만 개이며 총 공급량은 정해져 있지 않다. 쿠사마 토큰은 매년 10%씩 늘어날 예정이다. 쿠사마는 바이낸스, 후오비 글로벌, 크라켄, 오케이이엑스 등에서 거래할 수 있다.

핵심정보

스캠(사기) 코인 피하는 다섯 가지 체크리스트!

뭐든지 시작을 잘해야 한다. 시장에 휩쓸려 엉뚱한 곳에 투자해서 낭패를 보면 손실도 손실이지만, 더 좋은 기회를 놓칠 수 있다. 스캠(사기) 코인에 당하지 않으려면 다섯 가지를 체크해야 한다.

1) 투자자를 점검한다

유력한 암호화폐 투자 펀드에서 투자를 받았는지 확인해본다. 펀드가 실사를 통해 기업의 내용과 가치를 판단했기 때문에 일반 투자자가 투자 여부를 판단할 때 도움이 된다. 한국에서는 해시드(Hashed)가 대표적인 크립토 벤처캐피탈이다.

다음은 세계적인 크립토 펀드들이다.

① NGC 벤처스(NGC Ventures) - 싱가포르
② 코인베이스 벤처스(Coinbase Ventures) - 미국
③ 디지털 커런시 그룹(Digital Currency Group) - 미국
④ 펜부시 캐피탈(Fenbushi Capital) - 중국
⑤ 판테라(Pantera) - 미국
⑥ 갤럭시 디지털 벤처스(Galaxy Digital Ventures) - 미국 뉴욕

⑦ 폴리체인 캐피탈(Polychain Capital) - 미국 샌프란시스코

⑧ CMT디지털(CMT Digital) - 미국 시카고

⑨ 로봇 벤처스(Robot Ventures) - 미국 샌프란시스코

⑩ 드래곤플라이 캐피탈 파트너스(Dragonfly Capital Partners) - 미국 샌프란시스코

대부분이 투자 포트폴리오를 공개한다. 프로젝트에서 해당 펀드에서 투자받았다고 하면, 펀드 홈페이지를 방문해 확인해보면 된다.

2) 제휴 기업을 살펴본다

세계적인 기업이나 금융기관, 정부나 국제기구가 파트너라면 안심이 된다. 유명 펀드에서 투자를 받거나 세계적인 기업과 협업하게 되면 코인들은 홈페이지에 이를 알리고 뉴스를 통해 공개한다. 펀드들은 투자 기업을 공개하지만, 세계적인 기업들은 파트너가 워낙 많아서 일일이 공개하지는 않는다. 따라서 프로젝트들이 홈페이지에 어떤 기업과 파트너십을 맺었다고 자랑하면 뉴스 등을 통해 꼭 확인해봐야 한다.

3) 메이저 거래소에 상장되어 있는지 파악한다

세계적인 대형 거래소들은 코인을 상장할 때 스캠 여부를 점검한다. 고객을 보호해야 지속적으로 사업을 영위할 수 있기 때문이다. 스캠 코인을 올려주고 상장 수수료로 돈을 받는 저질 거래소들도 많다. 중소형 거래소라도 엄격한 상장 기준이 있는 곳도 있다. 뉴스를 검색해

코인 상장을 둘러싸고 잡음이 많은 거래소에 신규 상장된 코인은 피해야 한다.

 펌핑과 덤핑(의도적으로 가격을 끌어올린 후 자기들만 빠져나가면서 가격이 폭락하는 것)으로 일반 투자자에게 큰 손해를 끼치는 경우가 종종 있다. 상장된 코인인데도 물의를 일으켜 상장 폐지되고 투자금을 회수하지 못하게 되는 경우도 적지 않다. 코인 시장은 뚜렷한 소비자 보호 기준이 없기 때문에 스스로 보호해야 한다.

4) 프로젝트 팀원들의 면면을 살펴본다

홈페이지를 통해 공개된 프로젝트 팀원들의 면면을 살펴본다. 기술과 마케팅, 학계, 금융계 등의 실력과 영향력을 갖춘 인물들이 있는지 알아본다. 유명 프로젝트의 개발자 출신이거나 마케터 출신이 있는 프로젝트면 좋다.

5) 프로젝트 개발이 실제로 진행되고 있는지 파악한다

유명인을 내세워 코인을 발행하고 받은 돈으로 개발은 안 하면서 놀고먹는 코인도 많다. 깃허브(Github)는 개발자들이 만든 프로그램의 진도를 살펴볼 수 있는 사이트다. 웬만한 코인 프로젝트라면 깃허브에 자신들의 프로그램을 올려놓게 돼 있다.

 깃허브에 들어가서 개발 상황을 살펴보면 일을 하는지, 놀고 있는지를 알 수 있다. 깃허브에서 해당 코인을 검색해 저장소를 보면 된다. 한 달 전이나 지금이나 저장량에 차이가 없다면 놀고 있는 것이다. 프로그램과 관련된 개발자들의 대화 내용을 확인할 수 있는 장소도 있다. 대화 내용까지 들여다볼 수는 없지만 뭔가 열심히 하고 있다는 정도는 알 수 있다.

시가총액 **41위**

넴(NEM) XEM

기술성: ★★★   사업성: ★★

가격: Neutral (넴은 코인 중 역사가 긴 편이지만 근래 들어선 사업 성과가 적다)

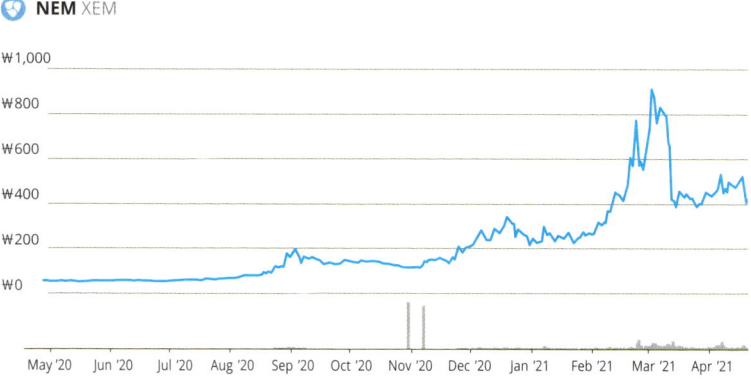

넴은 비트코인토크 포럼에서 재규어 0625, 블러디 쿠키, 김레라는 가명을 사용하는 3명의 개발자가 창시한 암호화폐다. 넴은 NIS1이라는 자체 퍼블릭 블록체인을 사용한다. 이 블록체인은 비트코인과 비슷한 방식으로 운영된다. 공개 원장에 거래를 처리하고 기록하는 독립 노드를 갖고 있다. 노드는 네트워크에 기여하고 거래 수수료를 넴 코인으로 보상받는다.

NIS1 블록체인의 알파 버전은 2014년 6월 25일에 출시됐으며, 메인넷은 2015년 3월 31일에 출시됐다. 현재 넴의 전반적인 개발과 프로모션은 넴 그룹이 관리하고 있다. 넴 그룹은 넴 2.0 출시 이후까지 이어지는 넴 생태계 성장을 지원하기 위해 설립된 회사이다. 넴 그룹은 자회사 세 곳을 중심으로 넴 생태계와 커뮤니티 참여를 촉구하고 있다. 제품과 사업 개발에 초점을 맞춘 넴 소프트웨어, 유동성 관리, 거래 지원, 토큰 대출 등을 다루는 넴 트레이딩, 벤처 캐피털 및 투자기관 파트너십에 중점을 두고 있는 넴 벤처스가 그것이다.

넴은 서로 다른 애플리케이션을 통합할 수 있도록 지원한다. 넴의 총 공급량은 89억 개다. 넴 코인은 네트워크 출시 당시 모두 생성됐으며 더 이상 새로운 코인을 채굴할 수 없다. 넴 네트워크 노드는 각각의 블록에 포함된 거래에 대한 수수료를 나눠 갖는다. 넴은 빗썸, 후오비 코리아, 바이낸스, 업비트 등에서 거래할 수 있다.

시가총액 **42위**

후오비 토큰(Huobi Token) HT

기술성: ★★　　　사업성: ★★★

가격: Neutral(평범한 거래소 전용 토큰)

후오비 토큰은 중국 암호화폐 거래소 후오비에서 사용하는 암호화폐이다. 2018년 1월 24일 이더리움 기반에서 후오비 토큰이 발행됐다.

　후오비 토큰은 후오비 생태계의 포인트로 사용된다. 후오비 클라우드 보증금 활용, 프로젝트 상장 보증금, 후오비 엘리트 보증금, 기관투자자 보증금, 장외거래 광고 보증금 등으로 활용되고 있다.

　후오비 커뮤니티 서비스 결제, 블록체인 인큐베이팅 서비스 결제 등 다양한 용도로 활용된다. 후오비 토큰은 후오비 글로벌 업무와 블록체인 생태계를 연결하는 허브 역할을 한다.

후오비는 2019년 4월부터 코인을 직접 상장하는 '후오비 프라임' 프로젝트를 운영하고 있다. 후오비 프라임은 후오비 토큰 보유자만 참여할 수 있다. '후오비 패스트트랙'이라는 투표 상장 플랫폼도 있다.

매월 5개의 암호화폐 프로젝트가 공개되며, 후오비 토큰 보유자의 투표를 통해 어떤 프로젝트를 상장할지 결정한다. 매주 하나의 프로젝트가 후오비에 상장된다. 토큰 보유자는 자신이 투표한 프로젝트가 상장될 경우 50% 이상 할인된 가격으로 해당 프로젝트의 암호화폐를 구입할 수 있다. 후오비 프라임과 같이 후오비 토큰으로만 해당 토큰을 구입할 수 있으며 투자자가 사용한 후오비 토큰은 모두 소각된다.

중국에서 ICO 규제가 심했기 때문에 후오비 토큰은 수수료 쿠폰을 구매하는 사람에게 에어드롭 형태로 지급됐다. 후오비 토큰은 총 5억 개가 발행될 예정이다. 이 중 60%인 3억 개는 사용자가 포인트 카드 세트를 구매할 때 증정하고, 20%인 1억 개는 사용자 활동 장려 용도 및 플랫폼 운영에 사용한다. 20%는 개발팀이 사용한다. 후오비 토큰은 4년 동안 고정적으로 매년 2,500만 개씩 새로 발행된다.

시가총액 **43위**

메이커(Maker) MKR

기술성: ★★　　사업성: ★★★★

가격: Underweight(디파이, 스테이블 코인의 선두 주자. 거의 첫 타자인 만큼 앞날이 밝다)

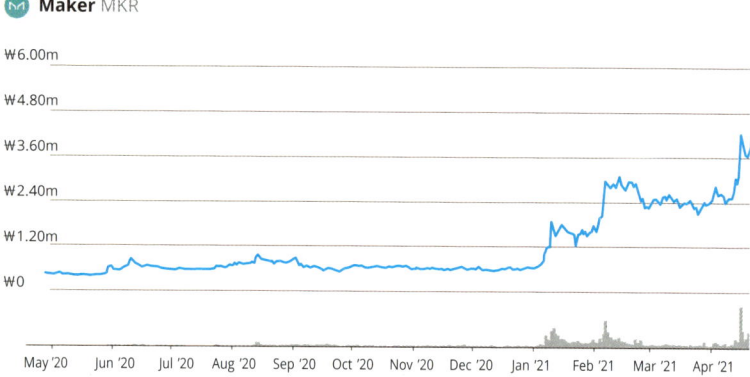

메이커는 메이커다오(MakerDAO) 및 메이커 프로토콜의 거버넌스 토큰이다. 메이커는 2015년 덴마크 출신 사업가 루네 크리스텐센(Rune Christensen)이 만들었다. 크리스텐센은 코펜하겐 대학에서 생화학을 전공했고, 코펜하겐 경영대학원에서 국제 비즈니스를 전공했다. 그는 중국에서 채용업체를 공동 설립해 운영하기도 했다. 메이커는 2017년 12월에 정식 출시됐으며, 메이커다오의 스테이블 코인인 다이 운영을 위해 설계됐다.

메이커 토큰은 다이 생태계에서 의결권 역할도 한다. 메이커 토큰 보유자들은 메이커 프로토콜 개발 변경 사항에 대한 투표권을 행사할 수 있다. 메이커는 토큰 보유자들이 스테이블 코인인 다이를 관리하는 과정에 참여할 수 있게 한다.

토큰 보유자들은 새 담보 자산을 메이커에 추가하거나, 다이 예치율 변화 및 메이커 생태계에 외부 블록체인 정보를 들여올 경우 어떤 블록체인을 공급할 것인지 선택하거나, 플랫폼 업그레이드 여부를 결정할 수 있다.

메이커는 디파이 시장 초창기에 등장한 프로젝트 중 하나이기도 하다. 메이커는 이더리움처럼 스마트 콘트랙트가 가능한 블록체인상에 다양한 디파이 상품을 만들고자 한다. 메이커는 디파이 정보 사이트 디파이 펄스 기준 2번째로 규모가 큰 디파이 코인이기도 하다. 현재 메이커 프로토콜에는 938억 달러(약 104조 원)가 예치되어 있다.

메이커의 총 공급량은 정해져 있지 않다. 다이는 스테이블 코인이라 일정한 가격이 유지되어야 하는데, 시장 변동으로 인해 다이 가격이 하락할 때 메이커가 추가 발행되어 다이의 부족한 값을 메우는 용도로 사용된다.

다이가 너무 많이 발행됐을 때는 메이커 토큰을 대신 구매해 총 공급량을 줄이기도 한다. 메이커의 총 유통량은 다이 생태계와 시장 상황에 밀접한 관련이 있음을 알 수 있다.

메이커는 2021년 4월 기준 995,239개가 유통되고 있다. 메이커는 바이낸스, 후오비, 오케이이엑스, FTX, 유니스왑 등에서 거래되고 있다.

시가총액 **44위**

팬케이크스왑
(PancakeSwap) CAKE

기술성: ★★　　　사업성: ★★★★

가격: Neutral(바이낸스 스마트체인의 킬러 디앱. 기술력은 떨어지나 사업성은 밝다)

팬케이크스왑은 2020년 9월에 출시된 바이낸스 스마트체인 기반 탈중앙화 거래소다. 익명을 사용한 복수의 개발자들이 함께 만들었다. 팬케이크스왑은 바이낸스 스마트체인에 최초로 구축된 디앱이다. 또 사용자가 토큰을 스왑할 수 있는 분산형 금융(디파이) 애플리케이션으로, 사용자는 '이자 농사'를 통해 수익을 얻을 수 있다.

팬케이크스왑은 커뮤니티 거버넌스 및 유동성 제공자 토큰을 농사지을 수 있는 기능적 측면에서 이더리움 기반 스시스왑과 유사한 면이 있다. 팬케이크스왑은 자동화된 시장으로 플랫폼상에서 디지털 자산을 거래할 수 있다.

팬케이크스왑에도 유동성 풀이 있다. 사용자는 풀에 자금을 예치하고 보상으로 유동성 공급자(LP) 토큰을 받게 된다. 이 토큰에 비례해 거래 수수료를 배분받는다. 사용자는 여러 종류의 유동성 공급자 토큰을 받을 수 있다. 예를 들어 바이낸스 USD(BUSD)와 바이낸스코인(BNB)을 예치할 경우, BUSD-BNB 유동성 공급자 토큰을 보상으로 받게 된다. CAKE 토큰, BETH, 테더, USD코인, 다이, 링크 등을 예치할 수 있다.

팬케이크스왑은 메타마스크, 트러스트월렛, 월렛커넥트, 바이낸스 월렛 등의 암호화폐 지갑을 통해 사용할 수 있다.

팬케이크스왑에서는 복권처럼 무작위 당첨자를 선정해 NFT 캐릭터 등을 구입할 수 있게 한다. 또 이자 농사를 이용해 새롭게 출시된 토큰을 사용자에게 분배한다.

팬케이크스왑에 토큰을 예치하고, 새롭게 출시하는 토큰 판매에 참여할 수 있다.

시가총액 **45위**

칠리즈(Chiliz) CHZ

기술성: ★★★　　　사업성: ★★★★

가격: Underweight(계속해서 세계적으로 유명한 팀들과 사업 확장을 하고 있어 전망이 밝다)

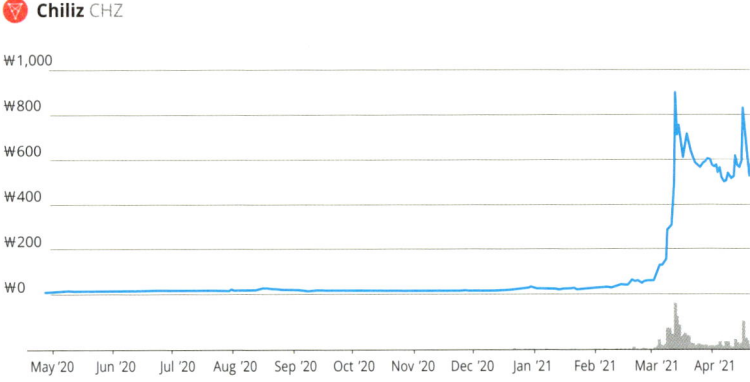

Chiliz CHZ

칠리즈는 가장 유명한 e스포츠와 게임 크라우드 펀딩 블록체인 프로젝트 중 하나이다. 2019년 알렉산드레 드레이푸스(Alexandre Dreyfus)가 창시했다. 그는 2016년부터 칠리즈에 대한 아이디어를 구상했다. 드레이푸스는 유럽 전역에서 사용되는 도시 관광 가이드 플랫폼 웹시티를 설립했다. 또한 그는 프랑스 최초의 온라인 포커 플랫폼 위나맥스를 설립한 바 있다. 칠리즈는 팬들이 블록체인 기반 거래를 통해 자신이 좋아하는 스포츠 팀을 응원할 수 있도록 만들어진 토큰이다. 소시오스닷컴 플랫폼을 통해 칠리즈 토큰을 이용할 수 있다.

소시오스닷컴은 팬들이 자신이 지지하는 팀을 위해 토큰화된 투표권을 살 수 있도록 지원한다. 축구 클럽 유벤투스가 소시오스닷컴을 통해 처음으로 자체 토큰을 출시했다. 이후 100여 개에 달하는 팀이 칠리즈에 합류했다. 칠리즈는 축구, 농구 등 다양한 스포츠 팀의 이목을 끌었다.

칠리즈와 소시오스닷컴은 블록체인 기술과 스포츠 세계 사이에 다리를 놓은 초창기 플랫폼 중 하나이다. 칠리즈는 팬들이 세계 어디에서나 참여하면서 안전하게 투자할 수 있도록 지원한다. 칠리즈와 소시오스닷컴은 스포츠 팬들이 자신이 좋아하는 팀 운영에 참여할 수 있게 한다. 사용자들은 팬 토큰을 통해 투표권을 확보하고, 소시오스닷컴에서 팀들이 제시한 투표에 참여한다.

칠리즈 최대 공급량은 8,888,888,888개다. 2021년 3월 기준 유통량은 5,441,098,420개다. 업비트, 바이낸스, 후오비 글로벌, FTX 등에서 거래할 수 있다.

시가총액 **46위**

대시(Dash) DASH

기술성: ★★★　　사업성: ★★

가격: Neutral(국내에선 취급이 불가능한 다크코인이기 때문에 전망이 어둡다)

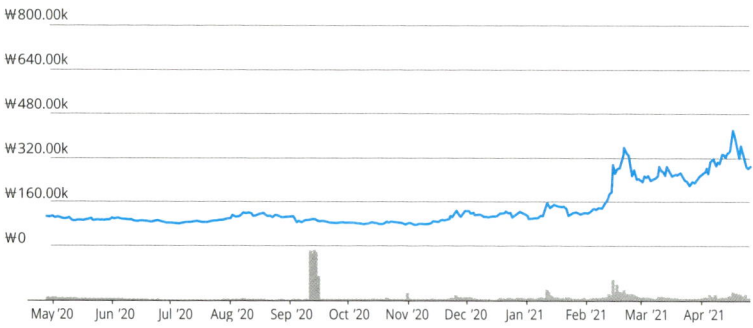

대시는 비트코인보다 더 강력한 프라이버시와 더 빠른 거래 처리 능력을 제공한다. 매매 기록이 남지 않는 이른바 다크코인이다.

　대시는 2014년 라이트코인에서 하드포크되어 탄생했다. 소프트웨어 개발자인 에반 더필드(Evan Duffield)와 카일 헤이건(Kyle Hagan)이 만들었다. 원래 대시는 X코인이라는 이름으로 불렸는데, 2주 후 다크코인으로 바꿨고 2015년 3월에 현재의 대시로 다시 이름을 바꿨다.

　대시는 마스터 노드와 인센티브 노드의 2개 네트워크로 이뤄져 있다. 즉시 결제를 지원하는 인스턴트 샌드, 대시 블록체인 기록 위변조를 방지하는 체인락스, 개인정보 보호 기능을 제공하는 프라이빗 샌드 등의 기능을 갖추고 있다.

대시 최대 발행량은 18,921,005개다. 이는 블록 보상의 10%를 어떻게 할당하느냐에 따라 바뀔 수 있다. 블록 보상으로 할당된 대시 토큰이 없는 경우 대시 최대 발행량은 17,742,696개다.

대시는 바이낸스, 후오비 글로벌, 오케이이엑스, FTX 등에서 거래할 수 있다. 국내 거래소에서는 관련 규제에 따라 대시 같은 다크코인을 매매할 수 없다.

시가총액 **47위**

비트코인 BEP2(Bitcoin BEP2) BTCB

기술성: ★★　　**사업성:** ★★

가격: Neutral(바이낸스가 발행한 스테이블 코인의 일종. BNB 외의 바이낸스코인은 존재감이 약하다)

비트코인 BEP2는 2019년 6월 바이낸스가 발행한 비트코인과 연동되는 스테이블 코인이다. 비트코인과 100% 연동되며 1BTCB는 1BTC와 같다. 바이낸스와 바이낸스덱스 등에서 거래할 수 있다.

바이낸스는 준비금을 보유하고 투명하게 운영하기 위해 초기 발행량 규모를 9,001BTCB로 설정했다. 바이낸스 체인을 사용하며, 사용자들도 바이낸스 체인 기반 지갑을 사용해야 한다.

비트코인 블록체인과 바이낸스 체인은 별개의 블록체인이다. 바이낸스덱스는 바이낸스 체인상에서 운영되기에 거래 시 서로 다른 블록체인 간의 거래를 지원해야 하는 불편함이 생긴다. 바이낸스가 바이낸스 체인을 기반으로 한 비트코인 연동 스테이블 코인을 발행한 이유가 여기에 있다.

즉, 비트코인 BEP2는 바이낸스 체인 위에서 돌아가는 바이낸스덱스에서 비트코인과 다른 BEP-2 토큰과의 거래가 이루어질 수 있도록 만들어진 것이다.

가장 많은 거래가 이뤄지고 있는 거래소는 히트BTC이다. 그다음으로 팬케이크스왑, 버거스왑, 베이커리스왑 등에서 활발히 거래되고 있다.

시가총액 **48위**

홀로(Holo) HOT

기술성: ★★★　　사업성: ★★

가격: Underweight(사업 성과는 적으나 유명 거래소에 많이 상장되어 있다는 점에서 가산점)

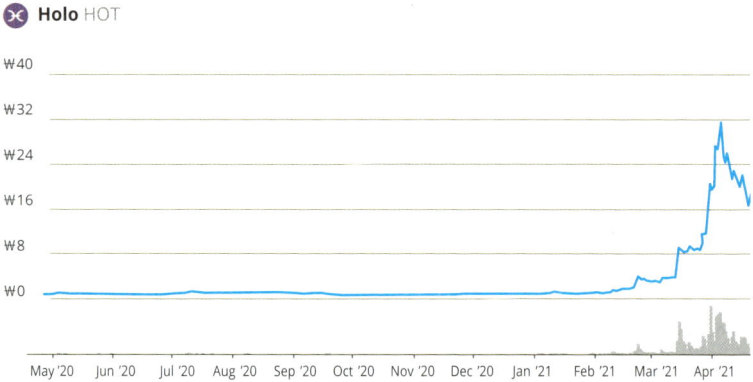

홀로는 아서 브록(Arthur Brock)과 에릭 해리스 브라운(Eric Harris-Braun)이 2016년에 만든 암호화폐다. 홀로는 홀로체인을 활용해 디앱을 구축하도록 도와주는 플랫폼이다.

홀로 네트워크는 홀로퓨얼(Holo Fuel)이라는 토큰을 사용하며, 현재 토큰 기능을 테스트 중이다. 이 토큰은 홀로 시스템에서 결제 용도로 사용될 예정이다. 홀로는 2021년 베타 테스트를 시작할 예정이다.

사용자는 홀로체인에 컴퓨터 소프트웨어나 추가 처리 능력을 갖춘 디앱을 구축한다. 그 대가로 사용자는 홀로퓨얼 토큰을 받게 된다.

홀로는 택시 업계와 호텔 업계에 큰 영향을 미친 우버와 에어비앤비처럼 P2P 디앱 생태계를 구축하는 데 초점을 맞출 예정이다. 홀로퓨얼을 통한 거래 수수료가 주 수익 모델이기 때문에 홀로체인은 디앱과 사용자 수를 늘리는 데 중점을 두고 있다.

홀로는 지난 2018년 3월부터 4월까지 ICO를 진행했다. 그 당시 1,776억 개의 토큰이 생성됐으며 75%에 해당하는 1,332억 개가 판매됐다. 재단용으로 생성된 444억 개는 배포되지 않았다. 홀로퓨얼이 출시되면 홀로 토큰과 일대일로 교환할 수 있다. 홀로 재단은 2019년 1월 홀로 토큰을 소각하는 대신 홀로퓨얼 보유자에게 유동성을 제공하기 위한 예비 통화로 보존할 것이라고 말했다.

홀로의 총 발행량은 정해져 있지 않다. 발행량은 수요에 따라 늘어나거나 줄어들도록 설계되었다. 홀로 재단은 이를 통해 홀로 토큰이 투기적인 가격 변동 없이 계속해서 안정세를 유지하도록 만들 계획이라고 밝혔다. 홀로는 바이낸스, 프로비트, MXC 등의 거래소에서 구입할 수 있다.

시가총액 **49위**

디크레드(Decred) DCR

기술성: ★★★　　사업성: ★★★

가격: **Neutral**(기술적인 장점은 있지만 사업 성과가 적어 중립을 유지한다)

디크레드는 2016년 2월에 제이크 요콤 피아트(Jake Yocom-Piatt)가 창시한 암호화폐이다. 디크레드는 비트코인으로부터 많은 영향을 받았다. 제이크 요콤 피아트는 블록체인과 암호화폐 기술자로 10년 넘게 근무한 경력이 있다. 그가 작성한 코드는 라이트닝 네트워크 데몬 등 비트코인과 관련된 여러 프로젝트에 사용됐다.

디크레드는 0컴퍼니가 주도해 운영하고 있다. 0컴퍼니는 블록체인 기술을 통해 더 나은 개인정보 보호 기능을 만들고, 프로젝트가 자유롭게 돌아가는 걸 목표로 하고 있다.

디크레드 토큰을 많이 가진 고래라고 해서 의사결정을 할 때 자신들에게 유리하도록 네트워크를 조작하지는 못한다. 디크레드는 사용자가 투표에 참여하고 직접 제안할 수 있는 '폴리테아'라는 투표 전용 플랫폼을 만들었다.

디크레드는 이러한 투표권을 보장하기 위해 작업증명과 지분증명을 혼합한 '지분작업증명'이라는 합의 알고리즘을 채택했다. 채굴 후 채굴자들은 60%의 보상을 받는다. 지분증명 합의는 투표에서 활용된다. 투표 참여자들은 30%의 블록 보상을 받게 된다.

디크레드는 총 2,100만 개의 토큰을 발행할 예정이며, 이 중 60%는 현재 유통되고 있다. 2,100만 개 중 8%에 해당하는 물량은 디크레드 출시 전 이미 채굴되기 시작했다. 사전 채굴된 토큰 중 절반은 초기에 에어드롭으로 배분됐고 나머지는 0컴퍼니가 개발 비용을 충당하기 위해 보유했다. 디크레드는 후오비 글로벌, 바이낸스, 요빗, 비트에셋, 오케이이엑스 등에서 구매할 수 있다.

시가총액 **50위**

지캐시(Zcash) ZEC

기술성: ★★★　　사업성: ★★

가격: Neutral(국내에서는 취급이 불가능한 다크코인이라 전망이 어둡다)

지캐시는 2016년 컴퓨터 보안 전문가 겸 사업가인 주코 윌콕스(Zooko Wilcox)가 개발한 암호화폐다. 대시와 함께 거래 익명성을 보장하는 프라이버시 코인이다. 국내 거래소에서는 취급 불가능한 다크코인의 일종이다. 지캐시는 기본적으로 송수신 주소나 송금액이 드러나지 않는다. 그러나 수사 협조 등의 이유로 거래 데이터를 공개할 수 있는 기능이 있다.

지캐시는 투명과 방패라는 두 가지 전송 방법을 갖고 있다. 투명은 일반적인 분산원장에 거래 기록이 작성되며 자금을 송수신한 지갑 주소나 금액 등을 누구나 볼 수 있다. 반면, 방패는 익명 거래이다.

비공개 블록체인을 통해 금액을 송금할 수 있도록 만든 '영지식 증명(Zero-Knowledge Proof)'이라는 특수한 기술을 활용한다. 네트워크 참여자들은 거래가 이뤄졌다는 사실을 확인할 수 있지만, 지갑 주소와 금액을 확인할 수는 없다.

지캐시는 비트코인과 마찬가지로 총 발행량은 2,100만 개다. 새로운 지캐시는 '블록 장려금' 형태로 만들어지는데, 정기적으로 절반씩 줄어든다.

지캐시는 바이낸스, 후오비 글로벌, 오케이이엑스, 코인타이거 등의 거래소에서 구입할 수 있다.

핵심정보
국내 거래소에 없는 알트코인을 사는 세 가지 방법

알트코인 투자 수요가 커지고 있다. 디파이나 NFT 같이 핫한 이슈가 있는 코인인데 국내 거래소에 상장되지 않은 경우가 있다. 좋은 코인을 알아내 글로벌 대형 거래소나 국내 거래소 상장 전에 구매한다면 투자 이익을 얻을 수 있다. 어떤 코인이 좋은지 파악했는데 국내 거래소에 없을 때 접근하는 방법이다.

1) 탈중앙화 거래소(DEX)를 이용하는 방법

업비트에서는 176개 코인이, 빗썸에서는 149개의 코인이 거래되고 있다. 디파이 대장 코인 유니스왑에서는 무려 2,000개 이상의 코인을 거래할 수 있다. 이더리움 기반 코인이면 모두 거래가 가능하다. 서로 교환할 수 있는 코인끼리의 거래 쌍이 2,458쌍이나 된다. 누구나 자신이 개발한 코인, 또는 보유하고 있는 코인을 올려서 장터를 만들 수 있다. 거래 가능 코인이 많은 이유다.

　두 코인의 거래 비율을 정해서 올리면 사고자 하는 사람과 팔고자 하는 사람만 있으면 언제든지 거래할 수 있다. 내가 사고자 하는 코인이 있으면 어떤 코인으로 살 수 있는지 확인하고 가서 거래하면 된다. 이더리움은 항상 가능하다.

유니스왑과 유사한 팬케이크스왑에서는 347개, 스시스왑에서는 211개의 코인을 거래할 수 있다. 물론 거래를 위해서는 해당 코인을 보관할 수 있는 지갑이 필요하다. 이더리움 지갑의 대표는 메타마스크(MetaMask)다.

2) 메타마스크의 중개 기능과 스왑 기능을 이용하는 방법

메타마스크는 이더리움 위에서 탄생한 코인을 저장하는 지갑으로 출발했다. 지금은 코인을 구매하길 원하는 사람과 거래소를 연결하는 중개 역할을 하고 있다. 핫한 코인을 미리 사고자 하는데 어디서 살지 모를 때 메타마스크를 이용한다.

유니스왑 등 DEX 거래소를 이용하거나 중앙화된 거래소를 이용해 구할 수도 있지만 시간과 노력이 필요하다. 메타마스크는 중개 기능을 통해 시간과 노력을 절약해준다. 대신 고객은 수수료를 지불해야 한다. 메타마스크는 최근 토큰 스왑 기능을 추가했다. 거래소에서 구매하지 않고 직접 교환할 수 있는 서비스다. 메타마스크는 바이낸스와도 통한다.

3) 바이낸스 상장 코인을 구매하는 방법

바이낸스는 세계 최대 거래소지만 또한 블록체인 네트워크를 가지고 있다. 느리고 수수료가 비싼 이더리움의 빈틈을 파고들어 디파이와 NFT 프로젝트를 다수 유치했다. 바이낸스가 지원하고 상장시킨 토큰 중 장래성이 있는 토큰을 미리 구매할 수도 있다.

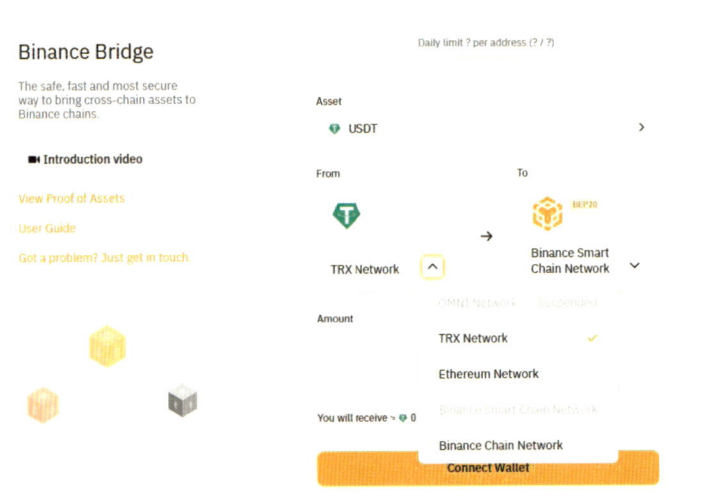

[바이낸스 브리지]

　바이낸스 거래소나 바이낸스 브리지를 이용하면 이더리움이나 트론 등 다른 네트워크에서 사용하는 토큰을 바이낸스로 가져와 사용할 수 있다. 바이낸스 네트워크의 토큰을 이더리움이나 트론으로 옮길 수도 있다. 바이낸스 지갑이나 메타마스크를 이용하면 된다.

시가총액 **51위**

컴파운드(Compound) COMP

기술성: ★★★　　사업성: ★★★★

가격: Underweight(디파이 열풍을 선도한 코인. 호재만 있으면 가격 상승 여지는 충분하다)

컴파운드는 2017년에 온라인 음식 배달 서비스 '포스트메이츠(Postmates)'의 임원 출신 로버트 레쉬너(Robert Leshner)와 제프리 헤이스(Geoffrey Hayes)가 창시한 암호화폐다.

컴파운드는 대표적인 분산형 금융(디파이) 토큰이다. 암호화폐를 예치해 이자를 받을 수 있다. 컴파운드는 지난 2018년 9월 메인넷이 출시된 이후 인기가 급상승했으며, 한때 고객 예치금이 8억 달러를 넘긴 바 있다. 컴파운드는 2020년 6월 15일 자체 토큰을 출시해 디파이 유행 현상을 불러일으켰다.

사용자가 컴파운드 풀에 토큰을 예치하면 c토큰을 받게 된다. c토큰은 풀에서 개개인의 지분을 나타내며, 언제라도 풀에 예치된 암호화폐를 상환하는 데 사용할 수 있다. 예를 들어 이더리움(ETH)을 예치하면 cETH를 받게 된다. 시간이 지남에 따라 투자자들은 처음에 넣은 자산보다 더 많은 자산을 찾을 수 있게 된다.

대출자들은 컴파운드 풀에 담보를 예치하면 대출을 받을 수 있다. 대출 자산에 따라 이자율이 달라진다. 대출자의 담보는 특정 유지 기준 이하로 떨어지면 자동 청산될 수 있다.

컴파운드 토큰 최대 발행량은 1천만 개다. 이 중 약 330만 개가 유통 중이다. 컴파운드 보유자가 제안을 통해 유통량을 늘리거나 줄일 수 있기 때문에 유통량은 시간에 따라 바뀔 수 있다.

컴파운드는 스마트 콘트랙트를 통해 모든 것을 자동으로 처리한다. 담보 비율 조정, 담보 청산, 대출 상환, 이자 지급 등이 프로그램에 따라 이뤄진다.

컴파운드는 바이낸스, 후오비 글로벌, 업비트, 오케이이엑스, FTX 등의 거래소에서 구입해 거래할 수 있다.

시가총액 **52위**

스택스(Stacks) STX

기술성: ★★　　　사업성: ★★★

가격: Underweight(비트코인을 그대로 응용해 기술력은 떨어지나 접근성은 괜찮다)

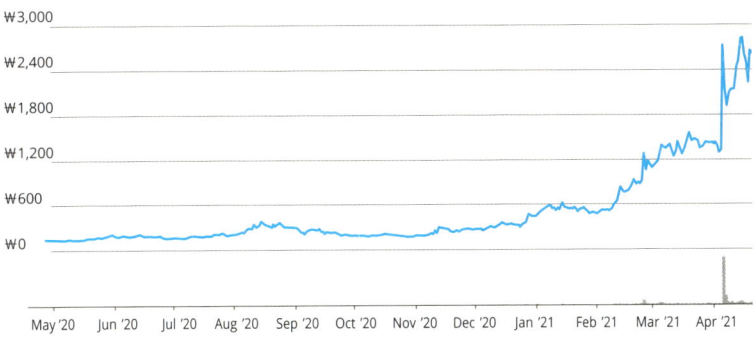

스택스는 비트코인 체인에서 스마트 콘트랙트와 디앱을 구축하도록 도와준다. 스택스상에서 일어나는 모든 거래는 비트코인에서 이뤄진다.

　이전에는 '블록스택'으로 알려졌으나 스택스라는 이름으로 바꿨다. 2013년 무닙 알리(Muneeb Ali)가 창립했으며, 공동 창립자 라이언 셰어(Ryan Shea)는 2013년부터 2018년까지 공동 대표를 역임한 후 현재 새로운 기술 스타트업을 창립했다. 2021년에 스택스 2.0 메인넷을 출시했다.

스택스는 비트코인 블록체인을 포크하거나 변경하지 않고 그대로 응용해 사용한다. 스택스 토큰 보유자는 자신들의 토큰을 비축해 비트코인으로 보상받을 수 있다.

스택스는 '클레어티'라는 새로운 스마트 콘트랙트 프로그래밍 언어를 도입했다. 알고랜드 블록체인도 이 언어를 사용한다. 스택스는 미국 증권거래위원회(SEC)로부터 승인받은 최초의 암호화폐다. 지난 2019년 7월 2,800만 달러 규모의 스택스 토큰 세일을 진행했다.

초기 공급량 13억 2천만 개 중에 6.6%는 창업자에게, 7.9%는 스택스 팀에게 돌아간다. 지난 3년간의 락업이 해제되어 배분이 끝났고, 2021년 11월에 다시 토큰 락업이 해제된다. 락업이 해제되면 매물화 가능성이 커진다.

스택스 토큰은 바이낸스, 오케이이엑스, 업비트, FTX 등의 거래소에서 구입해 거래할 수 있다.

시가총액 **53위**

헤데라해시그래프
(Hedera Hashgraph) HBAR

기술성: ★★★ (블록체인이 아닌 독자 네트워크라는 점에서)

사업성: ★★★ (실제 기업과의 사업 연계성)

가격: Neutral

헤데라해시그래프는 개인과 기업이 디앱을 만들 수 있도록 지원하는 블록체인 네트워크다. 리몬 베어드(Leemon Baird)와 맨스 하몬(Mance Harmon)이 공동으로 만들었다. 리몬 베어드는 컴퓨터과학과 보안 분야에서 10년 이상 일했고, '사이버 스페이스 리서치 아카데미 센터'의 선임 과학자로 일했다. 그는 현재 헤데라해시그래프 수석 과학자로 일하고 있다. 맨스 하몬은 20년 동안 유명 IT 기업에서 임원으로 일했으며 현재는 헤데라해시그래프 대표를 맡고 있다.

헤데라는 기존 블록체인이 아닌 해시그래프라는 독자적인 분산원장 기술을 사용해 구축했다. 헤데라해시그래프는 이 기술을 통해 속도, 비용, 확장성 등 많은 영역에서 개선할 수 있었다고 말한다. 헤데라의 평균 거래 수수료는 0.0001달러(0.11원)이며 거래는 일반적으로 5초 이내에 처리된다. 일반적인 작업증명 기반 블록체인은 초당 약 5개에서 20개의 거래를 처리하는 반면, 헤데라는 초당 1만 개 이상의 거래를 처리할 수 있다.

헤데라 플랫폼에서는 코드 몇 줄 만으로 대체 가능한 토큰과 대체 불가능한 토큰(NFT)을 쉽게 만들 수 있다. 또 개발자가 효율적인 디앱을 구축할 수 있는 스마트 콘트랙트를 지원한다. 파일 저장 서비스 역시 지원한다. 헤데라해시그래프 토큰의 최대 발행량은 500억 개다. 2021년 1월 기준, 70억 개의 토큰이 유통되고 있는데 이는 전체 공급량의 약 14%에 해당한다. 헤데라의 두 공동 창업자는 각각 20억 개의 토큰을 갖고 있다. 이는 전체 공급량의 4%에 해당한다. 두 창업자는 6년 동안 매년 이만큼의 토큰을 배당받는다.

2018년 이전에 합류한 헤데라 임원들은 2억 5천만 개에서 3억 개에 달하는 토큰을 배당받는다. 토큰 분배는 2021년 12월까지 계속된다. 2020년 6월에 출시된 헤데라 백서에 따르면 2025년까지 약 170억 3천만 개가 유통될 것으로 추정되며, 이는 전체 발행량의 34%에 해당한다.

헤데라는 네트워크 보안을 위해 해시그래프 합의 시스템을 사용한다. 11개 산업에 걸친 39개 노드로 이뤄진 위원회를 통한 합의 시스템이다. 위원회는 헤데라 플랫폼 변경 사항을 결정하고, 공공 네트워크 노드 운영 사항 등을 결정한다. 최근 신한은행이 헤데라 위원회에 합류해 큰 화제를 모았다.

　헤데라해시그래프는 바이낸스, 업비트, 후오비 글로벌, 오케이이엑스, FTX 등에서 거래할 수 있다.

시가총액 **54위**

엔진코인(Enjin Coin) ENJ

기술성: ★★★ (이더리움 기반 프로젝트라는 점에서 무난하다)
사업성: ★★★★ (게임 플랫폼이라는 접근성이 쉬운 영역)
가격: Neutral

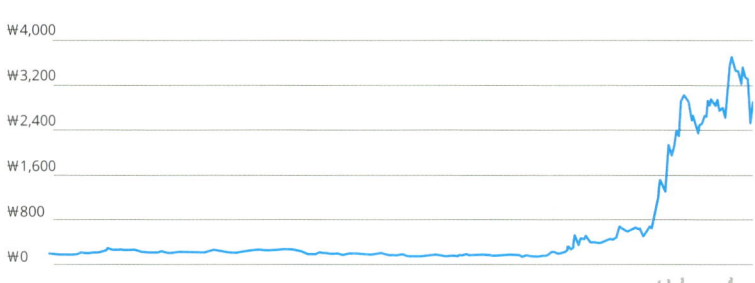

엔진코인은 2017년 7월 맥심 블라고프(Maxim Blagov)와 비텍 라돔스키(Witek Radomski)가 창시한 암호화폐이다. 엔진은 블록체인 기반 게임 생태계를 제공하는 블록체인 프로젝트이다. 사용자는 엔진에서 웹 사이트를 만들고, 팀원들과 채팅을 하며 가상 아이템을 판매할 수도 있다.

엔진은 게임 개발자들이 이더리움 블록체인상 게임 아이템을 토큰화할 수 있게 만들었다. 엔진코인을 활용해 발행한 디지털 자산을 아이템으로 만들어 실제로 사고팔 수 있다는 뜻이다. 따라서 엔진에서는 NFT 같은 블록체인 기반 자산을 만들 수 있다.

　엔진은 2009년 게임 플랫폼으로 출발했다. 엔진 공동 창업자 블라고프는 회사의 개발 방향을 책임지고 있고, 라돔스키는 상품 기술 개발을 책임지고 있다. 그러다 라돔스키는 2012년 비트코인을 처음 알게 된 후 엔진에 블록체인을 도입하자는 아이디어를 제안했다. 그는 원래 비트코인을 결제 옵션으로 추가하는 정도를 생각했지만 이더리움과 스마트 콘트랙트의 존재에 대해 알게 된 후 자신만의 블록체인 소프트웨어를 만들고 싶다고 생각했다. 그래서 그는 2018년 6월 새로 도입된 이더리움 발행 토큰의 새로운 표준을 만들기도 했다.

　백서에 따르면 엔진 생태계 내에서 거래가 완료되면 플랫폼이 사용자 지갑에 그 사실을 알리고, 이더리움 블록체인상 거래가 검증될 때까지 웹 사이트나 게임 등은 거래 불가한 디지털 아이템 상태로 바뀐다.

　엔진코인 총 발행량은 10억 개다. 생태계가 성장하고 게임 내 엔진코인이 더 많이 예치될수록 유통량은 줄어든다. 2017년 9월, 엔진은 4억 개 중 3만 8,800개를 프리세일로 판매했다. 당시 전체 공급량의 50%를 판매했다. 2017년 10월 ICO를 진행해 총 공급량의 30%를 팔았다. 당시 1,890만 달러 상당의 7만 5,041이더리움을 모금했다. 그때 판매되지 않은 토큰은 6개월 동안 보관했다가 커뮤니티 개발과 마케팅에 사용했다.

　엔진코인은 전체 발행량 중 10%는 커뮤니티 개발, 베타테스트,

마케팅, 파트너십 등을 위한 회사 용도로 사용할 예정이다. 나머지 10%는 팀원들과 고문을 위한 용도로 배정됐다. 팀원을 위한 토큰은 처음 6개월 동안 보관했다가 24개월에 걸쳐 배당했고, 고문을 위한 토큰은 2개월 동안 보관했다가 할당했다.

엔진코인은 바이낸스, 오케이이엑스, FTX, ZG닷컴, 코인타이거 등의 거래소에서 거래할 수 있다.

시가총액 **55위**

우누스세드레오
(UNUS SED LEO) LEO

기술성: ★★ (이더리움, 이오스 기반 토큰이라 특별할 게 없다)
사업성: ★★ (거래소 토큰이란 점에서 써먹을 수 있는 곳이 별로 없다)
가격: Overweight

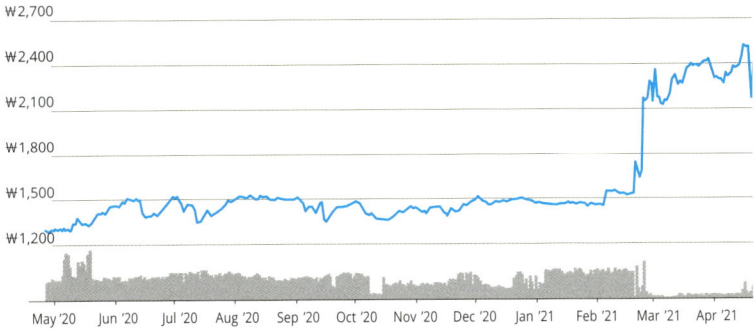

 우누스세드레오는 암호화폐 거래소 비트파이넥스가 2019년 5월에 출시한 자체 암호화폐이다. 즉, 거래소 토큰이다. 우누스세드레오라는 이름은 이솝우화 중 '암사자와 암퇘지'에 나오는 대사에서 차용했다.

 아기 돼지 여러 마리를 키우는 암퇘지는 새끼 사자가 한 마리밖에 없는 암사자를 보고 무시하며 암사자에게 왜 사자 한 마리만 키

우느냐고 묻는다. 그러자 암사자는 암퇘지에게 "한 마리뿐이지만 이 애는 사자이다(UNUS SED LEO)"라고 답한다. 이 대사에서 암호화폐 이름을 따온 것이다.

이 토큰은 비트파이넥스가 지난 2018년 뉴욕 법무부와 마찰을 겪은 이후 8억 5천만 달러(약 1조 원)를 압류당하자 벌금만큼 부족해진 자금을 메우기 위해 발행됐다. 이 토큰은 비트파이넥스 사용자가 거래 수수료를 줄일 수 있도록 만든다.

우누스세드레오는 시한부 암호화폐다. 비트파이넥스의 모회사 아이파이넥스는 시장에 유통 중인 토큰이 모두 사라질 때까지 투자자들에게서 점진적으로 매수할 계획이라고 밝혔다.

아이파이넥스는 27%에 해당하는 양을 소각했다. 토큰 매수 시기는 시장가에 따라 정한다. 대다수의 암호화폐는 하나의 블록체인을 기반으로 출시되는 반면, 우누스세드레오 토큰은 초기 발행량 중 64%는 이더리움을 기반으로, 36%는 이오스를 기반으로 출시됐다.

이 토큰은 시간이 지날수록 유통량이 줄어든다. 초기 총 발행량은 10억 개로 정해졌다. 이 토큰은 테더와 마찬가지로 달러와 일대일로 연동되며 1달러에 판매됐다. 10억 달러에 달하는 토큰이 10일 만에 팔렸다. 출시 당시 6억 6천만 개는 이더리움 기반으로, 3억 4천만 개는 이오스 기반으로 출시됐다. 비트파이넥스는 두 토큰 간에 쉽게 환전할 수 있도록 만들었다.

우누스세드레오는 오케이이엑스, FTX, 비트파이넥스, 게이트아이오, 유니스왑 등에서 거래할 수 있다.

시가총액 **56위**

질리카(Zilliqa) ZIL

기술성: ★★★ (비트코인의 거래 처리 속도와 확장성을 개선하겠다는 프로젝트는 너무 많다)

사업성: ★★ (확장성, 거래 처리 속도가 높다는 것 말고는 별다른 특징이 없다)

가격: Neutral

 Zilliqa ZIL

 질리카는 싱가포르 국립대학교 컴퓨터과학과 조교수 프라틱 삭세나(Prateek Saxena)가 2017년 6월에 출시한 암호화폐이다. 질리카는 초당 수천 건의 거래를 처리할 수 있는 오픈 블록체인이다.

 2020년 10월부터는 스테이킹 및 이자 농사도 가능해졌다. 질리카는 2018년 3월 테스트넷을 출시한 뒤, 2019년 6월 메인넷을 출시했다.

 질리카는 세계 최초로 샤딩(sharding)이라는 기술을 전적으로 도입한 오픈 블록체인이라고 주장한다. 이 기술을 통해 많은 정보와 거래를 다량으로 빠르게 처리할 수 있으며, 확장성 문제를 해결한다. 거래 처리 후 바로 질리카 블록체인에 거래 내역이 추가되기 때문에 거래 처리 여부를 따로 확인할 필요도 없다.

질리카는 광고, 게임, 엔터테인먼트, 금융 서비스 등 다양한 기업을 위한 블록체인이 되고자 한다. 2018년에 발표한 백서를 통해 질리카 재단은 비자나 마스터카드와 같은 기존 전통 결제회사가 경쟁하는 것을 목표로 한다고 밝혔다.

질리카 총 발행량은 210억 개다. 질리카는 지난 2018년 1월 이더리움 기반으로 발행해 처음으로 토큰 세일을 진행했다. 이후 2020년 2월에 종료된 토큰 환전 이벤트에서 질리카 메인넷으로 환전됐다. 출시 전 질리카는 토큰 세일에서 전체 토큰 중 60%(26억 개)를 생성했고, 나머지 40%(84억 개)는 채굴을 통해 생성된다. 전체 토큰 중 10%(21억 개)는 앙취안캐피탈에, 12%(25억 2천만 개)는 질리카 리서치, 5%는 질리카 재단에 배분된다. 토큰 배분은 3년 동안 분기별로 배포된다. 질리카는 블록 채굴 보상을 줄여 향후 10년 안에 모든 토큰이 채굴되도록 만드는 게 목표다.

질리카는 업비트, 바이낸스, 후오비 글로벌, 오케이이엑스, VCC 익스체인지 등에서 거래할 수 있다.

시가총액 **57위**

더그래프(The Graph) GRT

기술성: ★★★ (데이터를 쿼리한다는 점이 유용할 것 같다)

사업성: ★★★ (여러 블록체인 플랫폼 데이터를 전시하기 때문에 전망이 있는 편)

가격: Underweight

더그래프는 디파이를 비롯한 웹 생태계에서 많은 프로그램에 정보를 제공한다. 누구나 '서브 그래프'라고 불리는 오픈 API를 설치할 수 있다. 해당 앱을 통해 그래프QL이란 기능을 활용하여 블록체인 데이터를 검색할 수 있다. 더그래프는 개발자들이 그래프 네트워크에 쉽게 프로그램을 제작할 수 있도록 돕는 서비스를 갖추고 있다.

더그래프는 현재까지 유니스왑, 신세틱스, 아라곤, 에이브 등

3천 개 이상의 서브 그래프를 배치했다. 2020년 9월 한 달 동안 70억 개 이상의 웹 데이터를 제공했다. 2020년 10월 기준, 더그래프 테스트넷에는 200개 이상의 노드와 2천 개 이상의 큐레이터를 포함한 글로벌 커뮤니티가 있다. 2020년 11월 기준, 더그래프는 코인베이스 벤처스, DCG, 파라파이 캐피털 등 다양한 블록체인 커뮤니티나 벤처 캐피털, 개인투자자로부터 25만 달러의 자금을 유치했다.

더그래프에는 이더리움 재단, 디센트럴랜드(Decentraland), 오키드(Orchid), 뮬소프트(MuleSoft) 출신 전문가들이 모여 있으며 야니브 탈(Yaniv Tal), 브랜든 라미레즈(Brandon Ramirez), 야니스 폴먼(Jannis Pohlmann)이 공동으로 창시했다.

탈과 라미레즈는 더그래프 이전에 스타트업을 함께 창시해 다토믹(Datomic)이라는 데이터베이스 맞춤형 프레임워크를 만들었다. 이것이 더그래프의 전신이 되었다.

그래프 네트워크의 보안과 데이터 무결성을 보장하기 위해 네트워크 참여자들은 더그래프 토큰을 사용한다.

데이터 제공자는 보상과 데이터 노출에 대한 수수료를 받고, 큐레이터는 서브 그래프에 데이터를 제공한 수수료의 일부를 받게 된다. 이들에게 작업을 위임한 참여자는 데이터 제공자가 벌어들인 수수료의 일부를 얻게 된다.

메인넷을 출시하면 더그래프 총 발행량은 100억 개가 된다. 더그래프 위원회는 매년 새로운 토큰을 3%씩 발행하기로 결정했다.

더그래프는 바이낸스, 후오비 글로벌, 오케이이엑스, FTX, 코인타이거 등의 거래소에서 거래할 수 있다.

시가총액 **58위**

신세틱스(Synthetix) SNX

기술성: ★★★ (이더리움을 사용해 접근성이 좋다. 단, 그 이상의 특색은 없다)
사업성: ★★★★ (암호화폐가 아닌 자산도 포용하기 때문에 전망이 밝다)
가격: Underweight

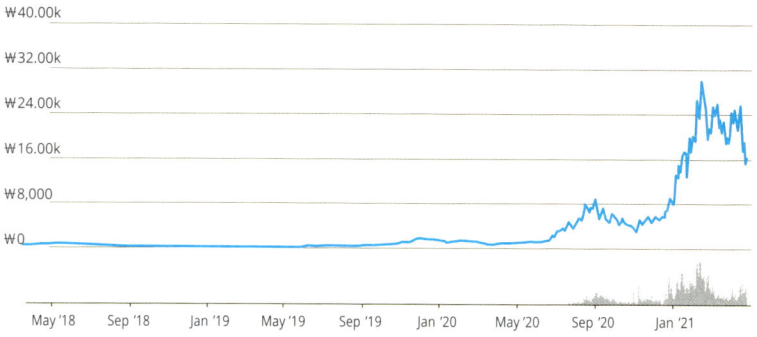

신세틱스는 2017년 케인 워윅(Kain Warwick)이 창시한 디파이 프로젝트이다. 신세틱스는 이더리움 블록체인을 기반으로 이른바 합성자산을 제공한다.

신세틱스는 유명한 디파이 토큰으로, 디파이 정보 사이트 디파이 펄스에 따르면 전체 디파이 토큰 중 10번째로 큰 규모를 갖추고 있다. 전체 고객 예치금은 1억 7천만 달러에 달한다.

신세틱스 창시자 케인 워윅은 원래 헤븐(Havven)이라는 이름으로 코인을 출시했지만 1년 후 신세틱스로 바꿨다.

　신세틱스는 탈중앙화 거래소 이자 합성 자산을 위한 플랫폼이다. 신세틱스는 사용자들이 자율적으로 신세틱스 토큰을 통해 자산을 거래할 수 있도록 지원한다.

　신세틱스 보유자는 토큰을 스테이킹 풀에 예치하면 신세틱스 거래소에서 거래 수수료를 보상받을 수 있다. 신세틱스 토큰은 합성 자산 담보로 사용된다. 이 토큰이 새로 발행될 때마다 신세틱스가 스마트 콘트랙트에 의해 락업된다. 토큰이 묶이는 것이다.

　신세틱스는 '오라클'이라는 스마트 콘트랙트 가격 책정 프로토콜을 사용해 기본 자산을 추적한다. 신세틱스를 통해 사용자는 유동성이나 시장가 주문이 더 낮게 체결될 걱정 없이 활발하게 거래할 수 있다. 신세틱스는 출시 이후 메인넷을 이더리움으로 전환해 네트워크상 가스 요금을 낮추고 오라클 대기 시간을 줄였다.

　신세틱스 최대 발행량은 212,424,133개다. 이 토큰은 토큰 판매 단계에서 6천만 개 이상 팔렸다. ICO 기간 동안 발행된 1억 개의 토큰 중 20%는 신세틱스 재단과 고문에게, 3%는 마케팅 인센티브로, 5%는 파트너십 인센티브로, 12%는 팀에 배당됐다. 신세틱스 토큰은 이더리움과 호환되며, 지분증명 알고리즘을 사용한다. 신세틱스 보유자들은 토큰 보유를 통해 네트워크 수수료를 일부 수익으로 받게 된다.

　신세틱스는 바이낸스, 오케이이엑스, 코인베이스, 유니스왑 등에서 거래할 수 있다.

시가총액 **59위**

니어프로토콜(NEAR Protocol)
NEAR

기술성: ★★★ (독자 네트워크를 쓰고 있어 접근성이 떨어지고 개발자용이라 평범하다)

사업성: ★★★ (개발자를 위한 프로젝트라 사업 범위가 좁다)

가격: Neutral

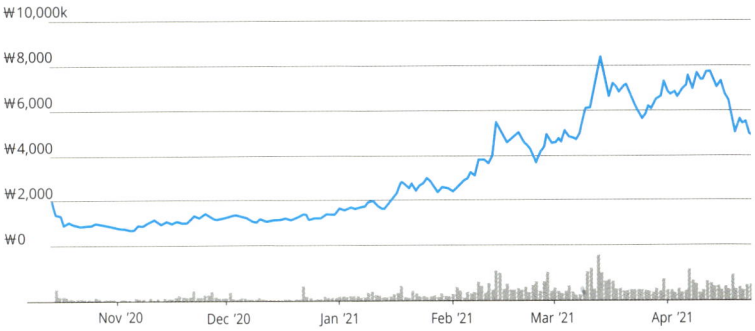

NEAR Protocol NEAR

니어프로토콜은 알렉산더 스키다노브(Alexander Skidanov)와 일리아 폴로수킨(Illia Polosukhin)이 공동으로 창시한 탈중앙화 애플리케이션 플랫폼이다. 개발자들이 웹에서도 사용 가능한 애플리케이션을 만들 수 있도록 지원한다.

두 사람은 2018년 7월 개발자들이 좀 더 쉽게 소프트웨어를 만들 수 있는 프로젝트에 착수했다. 이 프로젝트가 현재 니어프로토콜이 됐다.

니어 토큰은 거래 처리 및 데이터 저장을 위한 수수료로 사용된다. 네트워크 자원 분배 방식을 결정하기 위한 투표에 활용할 수도 있다.

니어프로토콜은 기본 데이터 테스트 도구를 포함하는 니어 SDK, 개발자를 위한 깃포드(Gitpod), 애플리케이션 개발자가 효율적인 사용자 경험을 만드는 데 필요한 전자 지갑, 개발자가 네트워크를 개발하는 데 필요한 계약 등을 지원하는 니어 익스플로러, 개발자가 앱을 배포하도록 돕는 니어 명령 라인 도구 등으로 이뤄져 있다.

니어프로토콜은 2020년 4월 22일 메인넷을 출시했으며 10억 개의 토큰을 발행했다. 토큰은 연간 네트워크를 지원하기 위한 보상으로 매년 5%씩 추가 발행된다. 그중 90%는 검증자에게, 나머지 10%는 프로토콜에 돌아간다. 거래 수수료의 30%는 계약 보상으로 지급되며 나머지 70%는 소각된다.

니어프로토콜은 바이낸스, 후오비 글로벌, 오케이이엑스, FTX, 코인타이거 등에서 구입할 수 있다.

시가총액 **60위**

엘론드(Elrond) EGLD

기술성: ★★ (샤딩말고는 딱히 뚜렷한 특징이 없다)

사업성: ★★★ (메타버스 등을 지원하긴 하지만 아직 뚜렷한 사업 전망이 안 보인다)

가격: Neutral

엘론드는 2019년 8월 루시안 토데아(Lucian Todea), 베니아민 민쿠(Beniamin Mincu), 루시안 민쿠(Lucian Mincu)가 창시한 암호화폐이다. 엘론드는 샤딩이란 기술을 통해서 빠른 거래 처리 속도를 지향하는 블록체인이다.

엘론드는 핀테크, 디파이, 사물인터넷 등을 위한 기술 생태계라고 말한다. 엘론드의 스마트 콘트랙트 실행 플랫폼은 초당 1만 5천 건의 거래를 처리할 수 있고, 수수료는 0.001달러로 알려졌다. 엘론드는 동명의 자체 토큰을 갖고 있으며, 이는 수수료 결제, 스테이킹, 검증자 보상에 사용된다.

　엘론드는 네트워크와 거래 샤딩이 모두 구현된 최초의 블록체인 네트워크이며 높은 확장성을 자랑한다. 엘론드는 엘론드 코인을 가치 저장 수단으로 사용하며 생태계를 구축한다.

　엘론드는 사업을 확장하기 위해 개발자들이 플랫폼상에 건물을 짓는 것도 지원했다. 스마트 콘트랙트 수수료의 30%를 로열티로 제공했다. 첫해에는 노드에게 네트워크 지분을 뜻하는 엘론드 토큰을 지급하는데, 그 비율은 연 36%에 달한다.

　엘론드는 바이낸스에서 ICO를 진행했다. 바이낸스 체인에서 200억 개를 발행했다. 2019년 11월 5억 개를 소각했고 이후 이더리움 블록체인 기반 토큰을 발행했다. 2020년 9월 엘론드 재단은 토큰 보유자들이 이더리움 기반 엘론드와 바이낸스 체인 기반 엘론드를 엘론드 메인넷에서 환전할 수 있는 이벤트를 진행했다. 환전 비율을 1000:1로 설정하여 총 토큰 발행량을 200억 개에서 2천만 개로 줄였다.

　엘론드는 바이낸스, 오케이이엑스, FTX, 게이트아이오, 비트파이넥스 등에서 거래할 수 있다.

시가총액 **61위**

보이저 토큰(Voyager Token) VGX

기술성: ★★★ (이더리움 기반 자산 브로커라는 컨셉은 무난하다)

사업성: ★★★ (금융 규제 당국으로부터 인증받은 브로커 업체라는 점에서 나름 사업 전망이 밝아 보인다)

가격: Neutral

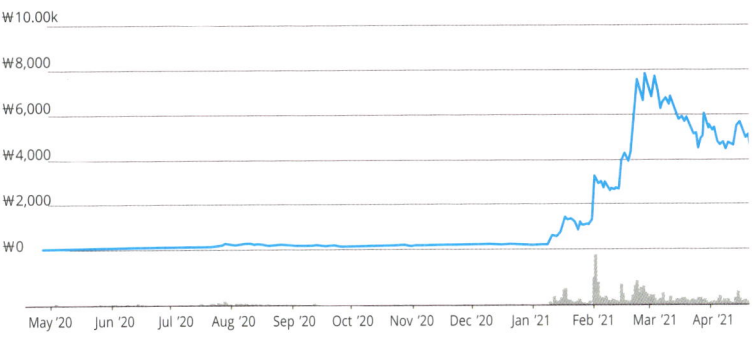

보이저 토큰은 2018년 10월 스티븐 에를리히(Stephen Ehrlich)가 만든 암호화폐 중개 서비스 토큰이다. 보이저는 개인투자자와 기관투자자들의 암호화폐 거래 중개를 목표로 한다. 현재 55개 이상의 암호화폐 거래를 중개하고 있으며, 10여 개의 거래소와 연결되어 있다. 사용자들은 2019년 1월에 출시된 보이저 토큰 모바일 앱으로 암호화폐를 거래할 수 있다.

보이저 토큰은 보이저 생태계 내에서 사용자들에게 캐시백 보상 서비스 및 기타 서비스를 제공하는 데 사용된다. 보이저 토큰은 100% 수수료가 없는 거래를 제공한다고 주장한다.

보이저는 크립토 트레이딩 테크놀로지(Crypto Trading Technologies)가 운영하고 있다. 이 회사는 스티븐 에를리히, 필립 에이탄(Philip Eytan), 가스파르 드 드뢰지(Gaspard de Dreuzy), 오스카 살라자르(Oscar Salazar) 등이 공동 설립했다. 이들은 온라인 중개 서비스 경험을 보유하고 있다. 스티븐 에를리히는 금융과 증권 시장에서 주식과 옵션 거래자들을 위한 거래 플랫폼을 전문적으로 개발해왔다.

보이저 토큰은 기존 온라인 증권사들과 비슷한 느낌의 암호화폐 거래 네트워크를 만들었다. 암호화폐 거래소 간 상장 가격 차이를 활용하는 'SOR(Smart Order Routing, 스마트 오더 라우팅)' 기술을 사용한다. 이 기술은 투자자들이 가장 좋은 거래가를 선택할 수 있도록 수십 개 이상의 암호화폐 거래소와 연결해 비교하게 만든다. 이를 통해 투자자들은 입찰가와 낙찰가를 판단할 수 있으며, 더 높은 유동성을 평가할 수 있다. 입출금하기도 쉽다.

보이저는 코인이나 토큰, 주문 유형, 구매할 자산 금액을 설정하면 SOR을 통해 자동으로 주문할 수 있다. 보이저 토큰은 암호화폐 중개 플랫폼 자체 토큰으로 바이낸스코인과 비슷한 역할을 한다. 최대 공급량은 2억 2,229만 5,208개다. 이더리움 기반으로 발행되었다.

시가총액 **62위**

스시스왑(SushiSwap) SUSHI

기술성: ★★★   사업성: ★★

가격: Underweight(디파이는 기대 수익률이 높은 만큼 투자 리스크 역시 높다)

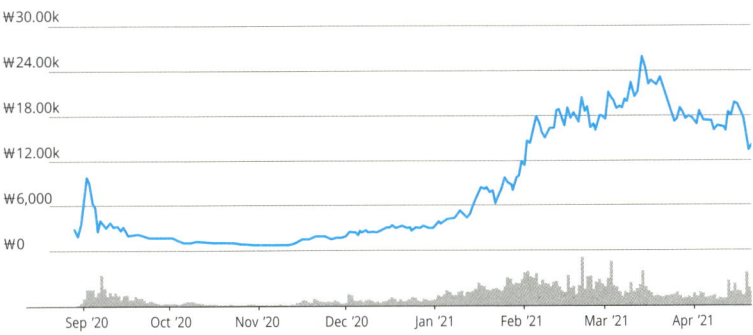

스시스왑은 탈중앙화 거래소(DEX) 프로젝트다. 업비트, 빗썸, 코인원처럼 기업에서 운영하는 거래소가 아닌 블록체인 알고리즘을 활용해 매도자와 매수자 간의 거래가 일어나는 구조다. 스시스왑은 2020년 8월 탈중앙화 금융(디파이) 프로젝트인 유니스왑을 포크해 만들어졌다. 포크란 개발자들이 하나의 소프트웨어 소스 코드를 통째로 복사해 독립적인 새로운 소프트웨어를 개발하는 것을 의미한다.

스시스왑은 누구나 암호화폐를 채굴할 수 있는 모델로 만들어졌다. 스시스왑 거래소에서 사용할 수 있는 자체 토큰 SUSHI를 보유하고 있는 투자자에게 거래소에서 발생하는 수수료 중 일부인 0.05%를 제공한다. 이러한 비즈니스 모델을 활용해 스시스왑은 출시 5일 만에 12억 달러(약 1조 3,400만 원)의 예치금을 모았다. SUSHI 토큰 가격도 출시한 지 일주일이 채 지나지 않아 8배 가까이 상승했다.

스시스왑은 2020년 디파이 호황으로 주목받은 이후 꾸준한 성장세를 보이고 있다. 2021년 3월 말 기준으로 한 달간 거래수수료 3,400만 달러(약 381억 3천만 원)를 달성했다. 디파이 프로그램의 활성화 정도를 가늠할 수 있는 플랫폼 내 총 예치금액(TVL)은 38억 달러(약 4조 2,617억 원) 정도로 활발한 거래가 이뤄지고 있다.

하지만 경쟁 프로그램인 유니스왑 대비 TVL, 거래량, 거래 수수료 등이 전반적으로 낮은 편이다. 또한 유니스왑을 하드포크해 만들어진 만큼 유사한 프로젝트가 등장하며 경쟁이 심화될 우려도 있다. 시장에서는 스시스왑뿐만 아니라 김치파이낸스, 핫도그 코인 등 음식 이름이 들어간 디파이 코인이 순식간에 인기를 끌었다가 가격이 폭락하는 등 불안정한 모습을 보이고 있어 투자위험도는 높은 편이다.

한편, 2020년 9월 스시스왑 프로그램을 만든 셰프 노미(Chef Nomi)는 SUSHI 토큰 가격이 폭등하자 대규모 현금화에 나섰다. 이후 커뮤니티에 창업자의 자체 토큰 현금화 소식이 알려지자 SUSHI 토큰은 하루만에 70%가 넘게 폭락했다. 현재 셰프 노미는 자금을 다시 돌려둔 상태이며 스시스왑 프로젝트의 주도권을 샘 뱅크만프리드(Sam Bankman-Fried) FTX 대표에게 넘긴 상태다.

시가총액 **63위**

폴리곤(Polygon) MATIC

기술성: ★★★   사업성: ★★★

가격: Neutral(이더리움을 대체할 수 없다면, 이더리움의 성능을 개선해주는 레이어 2 솔루션에 주목하는 것도 좋은 투자 방식이 될 수 있다)

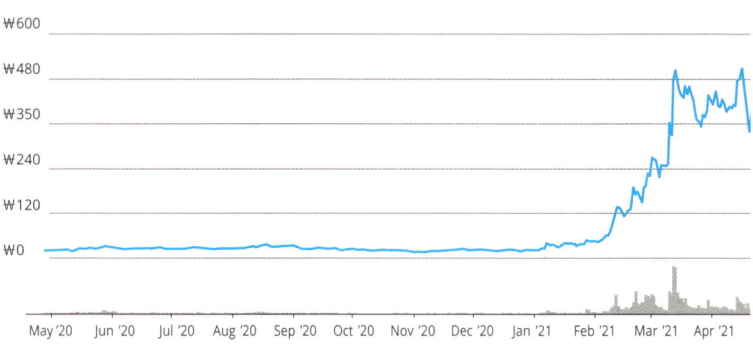

폴리곤(前 매틱 네트워크)은 가장 널리 쓰이지만 정작 사용하기엔 불편한 이더리움을 보다 편리하게 사용하고자 등장한 프로젝트다. 2017년 인도 개발자들을 중심으로 시작됐으며 탈중앙화 철학을 지키는 동시에 이더리움의 속도를 높이기 위해 플라즈마(Plasma) 프레임워크 기술을 구현했다.

플라즈마 기술이란 인터넷보다 훨씬 느린 블록체인의 처리 속도를 상대적으로 빠르게 만들기 위한 프로그램을 의미한다. 기존 이더리움 블록체인(레이어 1)에 새로운 블록체인(레이어 2)을 더하는 방식이어서 '레이어2 솔루션'이라고도 부른다. 쉽게 말해 이더리움과 같은 레이어 1이 안정성과 투명성을 담보한다면, 폴리곤과 같은 레이어 2는 속도와 편의성에 중점을 둔 셈이다.

폴리곤의 토큰 MATIC은 폴리곤 생태계 내에서 상호 작용하는 참여자 간의 결제를 위해 제작된 유틸리티 토큰이다. 폴리곤의 암호화폐 시가총액은 약 2,200억 원 규모로 MATIC의 총 발행량 100억 개 중 48%에 해당하는 48억 개가 유통됐다. 아직 남아 있는 52억 개의 물량에 대해선 상승 가능성도 점쳐진다.

폴리곤은 올해 2월 매틱 네트워크에서 현재의 사명으로 이름을 바꿨다. 2017년에 출시된 이후 지금까지 다양한 블록체인 프로젝트들과 활발한 협업을 이어가고 있다. 최근에는 일본 유명 블록체인 게임업체 더블점프도쿄와 업무 협약(MOU)을 맺었다. 폴리곤은 더블점프도쿄의 인기 게임 '마이 크립토 히어로즈(MCH)'의 후속작인 '마이 크립토 사가'에 적용될 예정이다.

현재 블록체인을 활용한 주요 디앱과 디파이 서비스들은 이더리움을 기반으로 작동하고 있다. 이더리움은 속도가 느리고 수수료가 비싸다는 단점이 있어 이를 대체하기 위한 새로운 메인넷이 꾸준히 개발되고 있다. 하지만 이미 막대한 커뮤니티가 형성된 이더리움을 온전히 대체하는 프로젝트가 나오기까지는 큰 기술의 발전이나 시간이 소요될 전망이다.

시가총액 **64위**

쎄타퓨엘(Theta Fuel) TFUEL

기술성: ★★　　　사업성: ★★

가격: Underweight(동영상 플랫폼의 핵심은 콘텐츠의 양과 질인 것을 감안하면 투자 가치는 낮다)

쎄타퓨엘을 알기 위해선 먼저 블록체인 기술을 활용한 비디오 플랫폼 '쎄타TV(Theta TV)'를 알아야 한다. 쎄타TV는 기존의 중앙화된 동영상 스트리밍 플랫폼이 지닌 단점을 보완하기 위해 만들어졌다.

유튜브는 홈페이지를 찾아오는 수많은 사용자들이 동영상을 보게 되면 그 수요(트래픽)를 중앙 데이터베이스(DB)에서 처리한다. 단독으로 운영하는 만큼 부담도 크다. 반면 쎄타TV는 그 모든 트래픽을 사용자들이 나눠서 부담한다. 쉽게 말해 P2P 파일 공유 프로그램 유토렌트(uTorrent)처럼 유저들이 스스로 서버를 구축하는 셈이다. 물론 유저들은 자신의 컴퓨팅 파워를 제공해서 서버를 구축한 보상을 받을 수 있다.

쎄타TV의 또 다른 특징은 플랫폼에서 영상을 보기만 해도 코인을 얻을 수 있다는 점이다. 시청자들은 쎄타TV에서 동영상을 시청하거나 공유할 경우 쎄타퓨엘 토큰(TFUEL)을 얻을 수 있다. 이렇게 얻은 TFUEL을 '빈즈(Beans)'라는 또 다른 토큰으로 교환해서 자신이 좋아하는 동영상 인플루언서에게 기부할 수 있다.

쎄타TV에서는 기본적으로 쎄타 토큰(THETA)이라고 하는 자체 코인이 주로 사용된다. 쉽게 말해 THETA는 동영상을 보기 위한 결제용 코인이며, TFUEL은 스트리머 보상과 도네이션을 위한 코인으로 이해하면 된다.

쎄타TV의 가장 큰 약점은 사용자가 아직 많지 않다는 것이다. 플랫폼 자체의 편의성은 준수하지만 일일 사용자 수(DAU)가 기타 동영상 플랫폼과 비교할 수 없을 만큼 현저히 적다. 부족한 유저는 곧 부족한 콘텐츠를 의미한다. 많은 유틸리티 토큰이 그렇듯 TFUEL의 가격 방어는 유저 유입량에 좌우될 전망이다.

시가총액 **65위**

베이직어텐션토큰
(Basic Attention Token) BAT

기술성: ★★★★　　사업성: ★★★★

가격: Overweight(편한 건 분명하지만, 브레이브가 구글이나 야후, 네이버를 이길 수 있을까?)

Basic Attention Token BAT

BAT는 블록체인 기반 웹 브라우저 브레이브(Brave)에서 사용할 수 있는 자체 토큰이다. 브레이브는 광고를 차단해주는 브라우저다. 유튜브 영상 광고뿐 아니라, 인터넷에서 뉴스를 볼 때 독자를 괴롭히는 팝업 광고도 모두 차단해준다. 직접 사용해보면 다른 브라우저를 생각하지 못할 만큼 편하다.

우리가 인터넷 쇼핑몰에서 원하는 상품을 검색하고, 일정 시간 서핑을 다니면 쿠키(Cookie)라는 데이터 기록용 임시 파일이 남는다. 일종의 발자국이라 생각하면 된다. 브레이브는 이러한 쿠키 저장을 최소한으로 줄여 보다 가벼운 환경을 조성한다.

광고를 차단하고, 쿠키를 줄이고, 팝업을 제거하면 뭐가 좋을까? 일단 인터넷 검색 속도가 빨라진다. 브레이브 자체도 크롬(Chrome)을 기반으로 만들어져 동작이 가벼운 편인데, 속도를 늦추는 옵션들까지 차단하므로 더욱 쾌적한 서핑이 가능해진다. 뉴스 사이트를 검색할 때 브레이브는 크롬이나 사파리 브라우저보다 최대 6배 이상 빠른 속도를 자랑한다.

브레이브의 또 다른 특징은 자체 토큰 BAT를 중심으로 보상 시스템을 운영한다는 점이다. 종류를 불문하고 모든 광고를 차단하는 일방적인 시스템은 홍보가 필요한 기업과 관심 있는 신상품을 팔로우하고 싶은 고객을 생태계로 끌어들이기 어렵다. 따라서 브레이브는 유저가 광고를 보면 그 대가로 보상을 지급하는 보상 시스템을 도입했다. 여기서 제공되는 보상이 자체 암호화폐 BAT다.

BAT의 가격은 웹 브라우저 브레이브의 사용 유저가 늘어나야 함께 오르는 구조다. 아직까지는 광고를 시청해서 유저가 벌 수 있는 BAT는 매우 적다. 유저에게 제공되는 BAT는 기업의 광고비에서 나오는 구조인 만큼 향후 브레이브 유저가 많아져 광고도 늘어난다면 BAT 보상과 가격도 함께 높아질 것으로 예상된다.

시가총액 **66위**

셀시우스(Celsius) CEL

기술성: ★★　　　사업성: ★★

가격: Underweight(블록체인 금융은 언제 터질지 모르는 지뢰밭이나 다름없다)

셀시우스는 블록체인 기반 금융 플랫폼으로 디파이 프로젝트에 속한다. 은행처럼 돈을 빌려주고 이자 수익을 받는 금융업은 관련 법령에 따라 엄격하게 규제된다. 하지만 블록체인을 활용한다면 알고리즘에 의해서 대출, 예금 등 금융 서비스를 상대적으로 쉽게 제공할 수 있다.

　셀시우스는 블록체인의 힘을 빌려 관리자 없이 은행 역할을 수행하는 금융 플랫폼이다. 관리자가 없다면 무엇이 좋을까? 일단 예금의 이자가 높아진다.

2021년 4월 기준 한국은행이 발표한 기준금리는 0.5%다. 시중은행의 금리는 기준금리를 따른다. 최근 주요 시중은행의 정기적금 금리는 0.5~2% 사이에 그치고 있다. 하지만 셀시우스에서 투자자가 비트코인(BTC)이나 이더리움(ETH) 등 암호화폐를 예금처럼 맡길 경우 연 평균 4~10%의 높은 이자를 준다.

만약 투자자가 예치금 이자를 스테이블 코인이 아니라 셀시우스 자체 코인인 CEL로 수령할 경우 수익률은 더욱 높아진다. 2021년 4월 8일 기준 투자자가 1천 달러에 해당하는 스테이블 코인을 셀시우스에 예치할 경우 ETH로 이자를 받으면 50달러, CEL로 받으면 66달러를 수령할 수 있다.

블록체인 금융 플랫폼의 높은 이자는 꽤 매력적인 요소지만 치명적인 단점도 있다. 바로 장점과 동일한 '관리자가 없다는 것'이다. 관리자가 없다는 것은 내가 실수로 돈을 다른 계좌(암호화폐 지갑)에 송금해도 돌려줄 사람이 없다는 뜻이다. 또한 파산 위험성이 매우 낮은 시중은행과 달리 블록체인 금융 플랫폼은 해커의 공격에 취약하다. 고객의 돈을 탈취당해도 책임질 사람이 없는 까닭이다. 최근 셀시우스 같은 금융 프로젝트들도 외부 공격으로부터 고객 자산을 보호할 수 있는 디파이 보험을 가입하는 추세다.

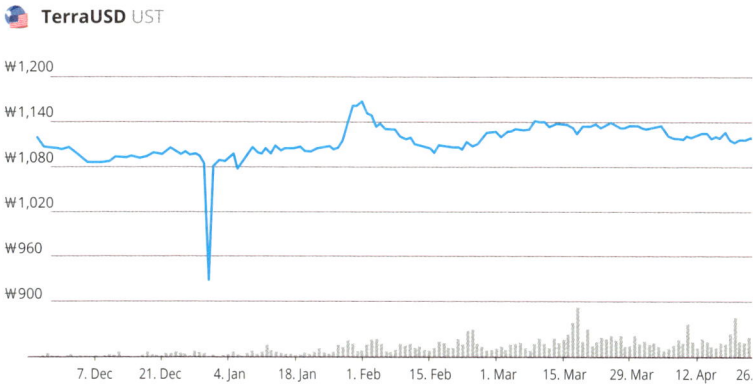

암호화폐의 가장 큰 약점은 변동성이다. 어제 샀던 코인의 가격이 오늘 두 배가 되어 있거나, 절반으로 폭락하는 경우도 흔하다. 화폐의 가치가 큰 폭으로 오르내릴 경우 '화폐' 자체로서의 활용도도 떨어질뿐더러 투자자산으로 활용하기도 어려워진다.

가격이 변하지 않는 스테이블 코인은 변동성이라는 약점은 줄이고, 믿을 수 있는 가상자산이란 장점을 적극 활용하는 암호화폐다. 보통 스테이블 코인은 금을 담보로 잡아뒀던 초창기 달러처럼, 달러나 원화 같은 법정화폐를 담보로 잡는다. 예를 들어, 1테더

(USDT)는 항상 1달러의 가치와 유사하게 유지돼 변동성을 크게 줄인 코인이다.

그중 테라USD(UST)는 스테이블 코인 프로젝트인 '테라'의 달러 담보 버전이다. 테라 프로젝트는 기존 결제 시스템을 개선해 저렴한 수수료로 결제를 지원하고, 고객들의 일상생활에 접목할 수 있는 서비스를 제공함으로써 암호화폐와 블록체인 기반 서비스의 대중화를 실현하는 게 목표다. 현재 티몬의 창업자로 유명한 신현성 의장과 권도형 공동 창업자가 이끌고 있는 국내 프로젝트다.

스테이블 코인은 이익을 창출하기 위한 투자자산으로 적합하지 않다. 앞서 설명했듯 담보 자산과 가치가 일대일로 묶여 있기 때문에 차익을 실현하기 어렵기 때문이다. 그렇다면 스테이블 코인은 어디에 활용될까? 암호화폐를 활용한 일상 금융이 활성화되지 않은 현재로서는 주로 디파이에 사용되고 있다.

테라는 최근 디파이 서비스 '앵커 프로토콜'을 출시했다. 앵커 프로토콜은 연간 최대 20%의 이자를 받을 수 있다는 점을 내세우며 시장의 주목을 받았다. 특히 앵커 프로토콜은 담보로 맡긴 가상자산의 가격 변동과는 별개로 안정적인 이율을 보장하는 것이 특징이다.

테라 프로젝트에 관심이 생겨 투자 의향이 생긴다면 테라의 담보 토큰인 루나(LUNA)를 살펴보면 된다.

시가총액 **68위**

펀디엑스(PundiX) PUNDIX

기술성: ★★★　　사업성: ★★★

가격: Neutral(강남 한복판에서 암호화폐로 커피를 사 먹게 해준 첫 코인)

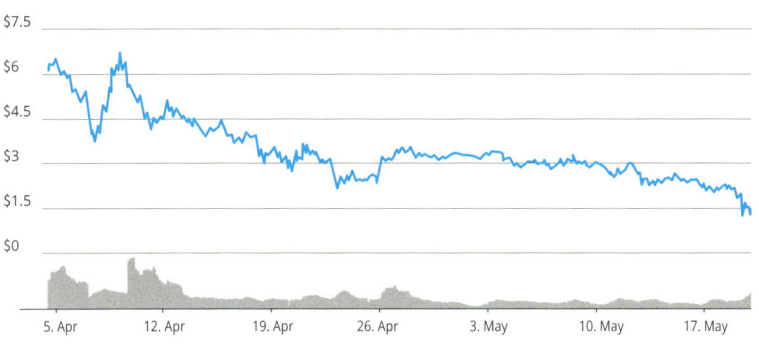

 펀디엑스는 일상생활에서 암호화폐를 손쉽게 사용할 수 있게끔 만드는 싱가포르 기반 블록체인 결제 시스템 프로젝트다. 2017년에 시작된 펀디엑스는 현재 미국, 캐나다, 필리핀을 비롯한 8개 나라에 지사를 두고 있다.

 펀디엑스는 쉽고 빠른 암호화폐 결제 시스템을 지향한다. 편의점에서 물건을 사고 체크카드를 내는 것처럼 펀디엑스가 자체 제작한 포스(POS)기에 펀디엑스 암호화폐(PUNDIX)가 담긴 카드를 주면 결제가 완료된다.

현재는 동남아시아 소재 소매점과 편의점에서 펀디엑스 POS를 사용하고 있으며, 암호화폐에 대한 관심이 높아짐에 따라 펀디엑스의 활용도 또한 높아지는 추세다.

2021년 3월 펀디엑스는 대표 암호화폐의 액면가를 병합하고 토큰의 기호인 티커를 기존의 'NPXS'에서 'PUNDIX'로 교체했다. 병합은 1000:1 비율로 진행됨에 따라 시중에 발행된 2,580억 개의 NXPS가 2억 5,800만 개의 PUNDIX로 합쳐졌다. 주식 시장에선 '유동성 조정'과 '인식 개선' 등의 이유로 액면병합을 호재로 분류하기도 한다.

한편, 펀디엑스는 2020년 블록체인 시스템이 적용된 스마트폰 블록온블록(BOB)을 CES에서 공개했다. 특히 블록온블록은 CES 주관 시상식에서 모바일 디바이스&액세서리 부문 혁신상을 수상하며 업계의 주목을 받기도 했다.

블록체인 폰은 안드로이드 모드와 블록체인 모드를 자유롭게 전환할 수 있다. 유저가 블록체인 모드로 스마트폰을 사용할 때는 SKT, KT 같은 통신 서비스 공급자가 없어도 모든 데이터를 안전하게 보호할 수 있다.

펀디엑스는 국내에서 삼성 블록체인 월렛에 탑재된 디앱으로 이름을 알렸다. 최근 펀디엑스는 국내외 블록체인 프로젝트와 원활한 협업 관계를 맺는 등 활발한 활동을 유지하고 있다.

펀디엑스는 블록체인 프로젝트 중에서 '눈에 보이는 결과물' 만들기를 잘하는 팀이다. 이 같은 장점으로 국내에서도 두터운 팬덤을 보유하고 있다.

시가총액 **69위**

와이언 파이낸스
(Yearn.finance) YFI

기술성: ★★★　　사업성: ★★★
가격: Neutral(하이 리스크, 하이 리턴)

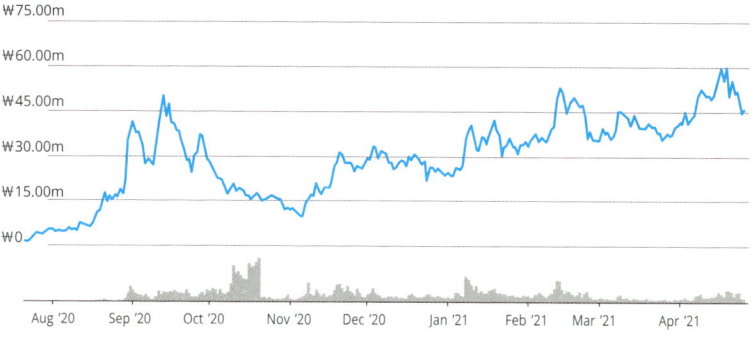

와이언 파이낸스는 2020년 안드레 크로녜(Andre Cronje)가 출시한 이더리움 기반 디파이 대출 프로토콜이다. 이더리움(ETH)을 비롯한 알트코인을 예치한 사용자에게 가장 높은 수익을 제공하는 데 초점을 맞추고 있다. 컴파운드, dYdX, 커브 등 다른 디파이 프로젝트와 함께 시장에서 주목받으며 시가총액이 대폭 늘어났다.

　와이언 파이낸스는 '이자 농사'가 인기를 끌며 급속도로 성장했다. 이자 농사란 디파이 서비스의 자체 토큰 예치에 대한 이자를 지급하는 시스템으로, 와이언 파이낸스와 컴파운드에서 시작된 새로운 형식의 투자 기법이다. 디파이 시장은 2020년 8월 기준으로 이자 농사가 시작되기 전인 연초 대비 100배 이상 성장했다.

와이언 파이낸스는 다이(DAI), 유에스디코인(USDC), 테더(USDT), 트루유에스디(TUSD) 등의 이더리움 기반 토큰을 예치한다는 점에서 다른 디파이 서비스와 비슷하다. 하지만 예치된 스테이블 코인을 컴파운드, dYdX 같은 다수의 사용자를 보유한 디파이 프로젝트와 연결해 각 플랫폼의 수익에 따라 포지션을 자동으로 변경해 최고의 수익을 거둘 수 있도록 설계됐다. 즉, 와이언 파이낸스의 가장 큰 특징은 수익이 가장 높은 플랫폼을 자동 선택하도록 서비스를 제공해준다는 점이다.

와이언 파이낸스의 자체 토큰 YFI의 한계는 다른 디파이 토큰인 스시스왑의 SUSHI, 컴파운드의 COMP와 유사하다. YFI는 2020년 7월 개당 86만 원 수준에 거래됐지만 2개월 만에 55배 이상 가격이 폭등하며 4,700만 원까지 올랐다. 이 같은 성장세에 대해 시장에서는 비트코인보다 성장 속도가 빠르다는 이야기도 나온다.

YFI의 폭발적인 가격 상승의 배경에는 늘어난 수요 대비 제한된 공급이 자리하고 있다. YFI의 총 발행량은 3만 개로 제한돼 있다. 유동성이 적다는 것은 적은 물량에도 가격이 크게 출렁일 수 있다는 의미다. YFI에 투자한 소위 '고래'들이 대규모 물량으로 차익을 실현할 경우 YFI의 가격은 큰 폭으로 떨어질 수 있다. 또한 시장에서 줄곧 지적되는 '디파이 거품'도 YFI 가격에 부정적 영향을 끼칠 가능성이 높다.

시가총액 **70위**

하모니(Harmony) ONE

기술성: ★★★★   **사업성:** ★★
가격: Underweight(아무리 성능이 좋다고 할지라도 유저가 없으면 말짱 도루묵)

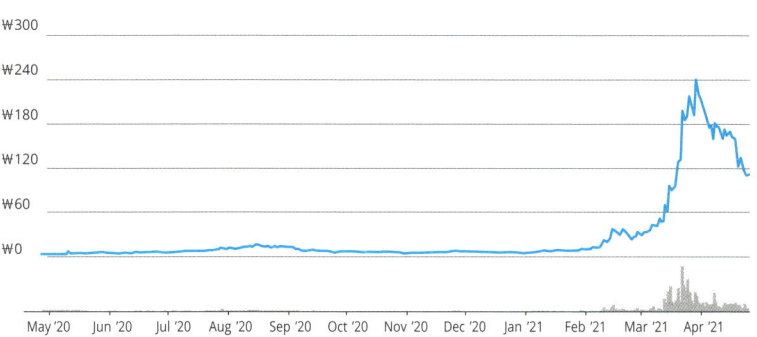

이더리움은 기존 P2P 금전 거래에서만 사용되던 비트코인 네트워크와 달리 '스마트 콘트랙트'라는 알고리즘을 도입하며 블록체인 시스템을 한 단계 진일보시켰다. 개발자들은 이더리움 네트워크에서 스마트 콘트랙트와 알고리즘을 활용하며 각종 프로그램을 만들었다.

블록체인을 활용해 개발한 애플리케이션은 '분산화된 앱'이라고 해서 '디앱(DApp)'이라 부른다. 하지만 이더리움 네트워크의 느린 속도와 비싼 수수료는 디앱의 활성화를 가로막는 큰 걸림돌이

됐다.

하모니 프로토콜(Harmony Protocol)은 이더리움의 단점을 보완하기 위해 만들어졌다. 하모니는 전 세계 100억 명의 사람들을 위해 설계된 암호화폐로, 샤딩이라는 특수 기술을 이용해 블록체인 확장성 문제를 해결하려는 프로젝트다. '비잔틴 장애 허용(BFT)'이라는 독특한 알고리즘을 기반으로 빠른 속도를 확보하고 다양한 탈중앙화 애플리케이션을 지원하는 것을 목표로 하고 있다.

하모니의 CEO는 구글, 애플, 아마존 개발자 출신의 스티븐 체(Stephen Tse)이며, 공동 설립자는 닉 화이트(Nick White)다. 설립 당시 홍콩과 호주, 싱가포르 등의 글로벌 펀드로부터 약 180만 달러 규모의 투자 유치에 성공했다.

하모니의 핵심 기술은 '상태 샤딩(state sahrding)'과 'P2P 네트워킹'을 꼽을 수 있다. 상태 샤딩은 탈중앙화 시스템을 통한 무작위 스테이킹과 리샤딩 해결책을 개발하고, P2P 네트워킹을 이용해 최적화된 크로스-샤드 라우팅을 구현해 블록 전파 속도를 개선했다.

하모니는 출시 이후 각종 블록체인 프로젝트들과 업무 협약을 맺으며 생태계 확장에 공을 들이고 있다. 2021년 4월에는 유명 디파이 프로토콜인 스시스왑을 하모니 블록체인 메인넷에서 출시하며 디파이 적용 사례를 늘렸다. 지난 2020년 10월에는 블록체인 게임 프로젝트 '더 샌드박스(The Sandbox)'와 파트너십을 맺고 NFT 활용 방안도 모색했다.

시가총액 **71위**

넥소(Nexo) NEXO

기술성: ★★ 　　사업성: ★★★

가격: Underweight(모기업 크레디시모의 사업 노하우가 암호화폐 시장에서도 통할지 의문)

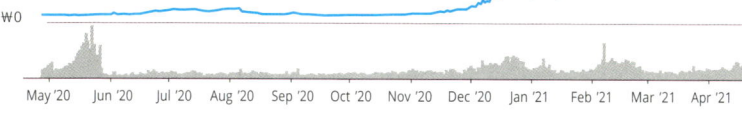

넥소는 10년 넘게 유럽 전역 수백만 명의 사람들에게 금융 서비스를 제공하고 있는 핀테크 그룹 크레디시모(Credissimo)가 운영하는 암호화폐 대출 플랫폼이다. 크레디시모는 스위스를 기점으로 각국 중앙은행에서 라이선스를 허가받아 합법적인 운영에 나서고 있다.

크레디시모의 넥소 플랫폼은 암호화폐 대출에 적합한 대출 플랫폼으로 현재 200곳 이상의 국가에서 암호화폐 대출 서비스를 제공하고 있다. 서비스 사용자가 각종 암호화폐를 넥소에 맡기고 법정화폐를 대출받는 형식이다.

  넥소는 크레디시모의 다양한 대출 경험을 기반으로 독특한 서비스들을 운영하고 있다. 최근 넥소는 신용카드처럼 사용할 수 있는 암호화폐 카드를 발행했다. 넥소의 카드는 암호화폐를 담보로 신용카드처럼 이용할 수 있으며 마스터카드 가맹점에서 결제할 수 있어 접근성도 뛰어나다는 평을 받고 있다.

  넥소의 자체 암호화폐 NEXO는 이자를 제공하는 데 주로 사용된다. 해당 카드에 NEXO를 보유할 경우 추가적인 이자를 받는 혜택을 제공하고 있다.

  넥소는 아시아 지역 암호화폐 사업에 큰 관심을 보이고 있다. 넥소는 2019년 7월 스테이블 코인 프로젝트 테라와 파트너십을 맺으며 테라를 통한 담보 대출 서비스 제공을 시작했다. 대출과 함께 예치 서비스도 제공한다. 넥소는 테라(KRT) 예치 고객에게 8% 이상의 이자율을 제공하고 있다.

  2020년을 기점으로 암호화폐 대출과 예금을 기반으로 하는 디파이 서비스들이 우후죽순으로 생겨났다. 그중에는 수십 퍼센트가 넘는 매우 높은 이자율을 제공하는 서비스도 경쟁적으로 쏟아져 나왔다. 비슷한 서비스가 짧은 시일 내에 출시된다는 것은 그만큼 사업 경쟁력이 약하다는 뜻이기도 하다.

시가총액 **72위**

레이븐코인(Ravencoin) RVN

기술성: ★★　　　사업성: ★★★
가격: Underweight(국내에서 STO는 아직 갈 길이 멀고도 멀다)

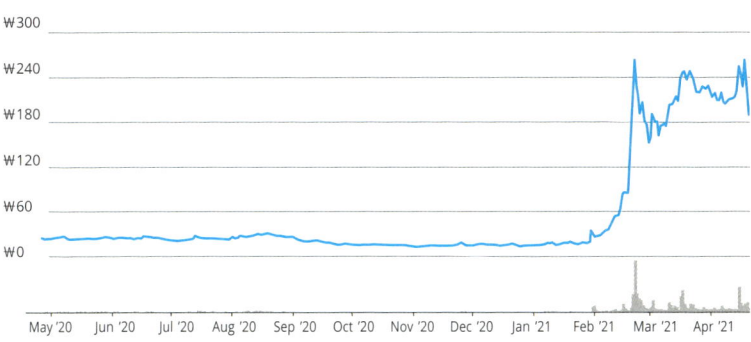

레이븐코인은 2018년에 비트코인을 포크해 만들었다. 포크란 블록체인 개발자들이 기존의 플랫폼을 통째로 복사해 완전히 새로운 형식의 소프트웨어를 개발하는 작업을 말한다. 레이븐코인은 개인과 개인(P2P) 간 암호화폐나 증권형 토큰(STO)을 원활하게 전송하는 데 집중하고 있다.

　STO란 부동산처럼 실체가 있는 투자자산을 암호화폐에 페깅(고정)한 디지털 자산을 말한다. 예를 들어 100억 원의 상업용 오피스를 담보로 잡고 1억 개의 STO 토큰을 발행한다면 해당 토큰의 액면가는 100원이 되는 셈이다. 이후 상업용 오피스의 가격이 오르면 STO 가격도 상승하며 차익을 거둬들이는 구조다.

레이븐코인은 비트코인 네트워크를 기반으로 만든 만큼 P2P 송금에 초점이 맞춰져 있다. 특히 유저들은 레이븐코인 플랫폼에서 각종 디지털 자산을 생성하고 거래할 수 있다. 또한 레이븐코인은 새로운 알고리즘을 도입해 비트코인의 단점으로 꼽히는 '중앙화된 채굴 방식'을 해결하기 위해 노력하고 있다.

레이븐코인의 자체 토큰인 RVN은 플랫폼에서 고유 자산을 생성할 때 사용한다. 현재 레이븐코인 플랫폼에서는 소프트웨어 라이선스, 자동차 등록, 진품증명서 등 위조 가능성이 있는 품목들이 주로 만들어지고 있다.

국내에서 암호화폐가 본격적으로 주목을 받았던 2017년 말 금융위원회를 비롯한 정부 규제 기관들은 STO에 몹시 부정적인 입장을 보였다. "암호화폐는 곧 사기"라는 인식이 팽배하던 시절이었던 만큼 엄격한 규제와 감시에 따라 운영되는 증권 시장에 암호화폐가 들어온다는 것을 허용하기 어려웠던 것이다.

금융 당국의 완고했던 태도는 시간이 흐르며 달라지고 있다. 여전히 "코인은 안 돼!"라는 기조가 남아 있지만, 2020년 12월 혁신금융 서비스에서 부동산업체 카사코리아가 발행하는 STO 서비스를 제한적으로 허용하며 조심스레 빗장을 열어두기 시작한 것이다.

시가총액 **73위**

덴트(Dent) DENT

기술성: ★★★   사업성: ★★★

가격: **Neutral**(데이터가 필요할 때 동네에선 당근마켓, 해외여행 갔을 때는?)

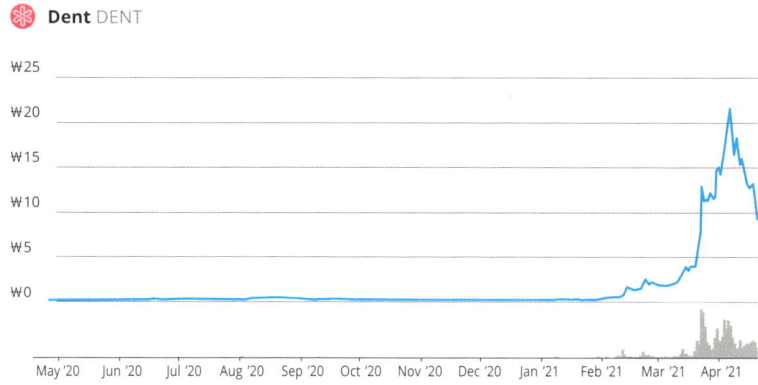

해외여행을 떠났다가 스마트폰의 인터넷이 잘 터지지 않아 답답했던 경험이 한 번쯤은 있을 것이다. 통상 외국에서 스마트폰을 사용하려면 현지 로밍을 신청하거나, 유심칩 혹은 포켓 와이파이를 준비해야 한다. 혹여나 데이터를 미리 준비해두지 못했다면 여행 계획 자체가 틀어지는 불상사가 벌어지기도 한다.

덴트는 모바일 데이터를 사고파는 '데이터 공유 경제'를 꿈꾸며 만들어진 이더리움 기반 플랫폼이다. 덴트를 사용하면 사용자들은 자신의 모바일 데이터를 자유롭게 판매하거나 기부할 수 있으며 그에 따른 수익을 암호화폐로 받을 수 있다.

　덴트가 암호화폐 시장에 첫발을 내디딘 것은 2017년 8월께다. 당시 덴트는 모바일 기술 스타트업 '유토피아 모바일(U2opia Mobile)'과 제휴를 맺으며 아프리카, 중동, 인도 소재 이동통신사에 대한 데이터 거래 기능을 체결했다. 덴트는 적극적인 업무 협약을 통해 출시 1년 만에 시가총액 50위권에 안착하기도 했다.

　덴트는 홍콩 소재의 '덴트 와이어리스 LTD'에서 관리하고 있다. 덴트를 설립한 테로 카타야이넨(Tero katajainen) CEO는 지난 20년 동안 인터넷 관련 스타트업을 운영한 바 있는 잔뼈 굵은 인물이다. 미코 린나마키(Mikko linnamaki) 공동 창립자는 전 세계 이메일 서버의 68%를 점유하고 있는 도베콧(DOVECOT)을 설립한 이력을 보유하고 있다.

　덴트는 최근에도 유명 암호화폐 프로젝트와 활발한 업무 협약을 추진하고 있다. 2020년 8월에는 가치가 변하지 않는 스테이블 코인 다이(DAI)와 협업하여 결제 수단의 폭을 넓혔다. 또한 블록체인 기반 웹 브라우저 '브레이브(Brave)' 생태계에서도 DENT를 사용할 수 있도록 시스템을 지원하기로 했다.

　월말이 다가오면 당근마켓 같은 중고거래 플랫폼에서 모바일 데이터를 사고파는 게시물이 종종 보인다. 모바일 데이터 거래는 이미 일상에 맞닿아 있다. 다만, 당근마켓이 동네 한정이라면, 덴트는 글로벌 유저를 대상으로 할 뿐이다.

시가총액 **74위**

아이콘(ICON) ICX

기술성: ★★★　　사업성: ★★★★

가격: Underweight(아이콘의 험난한 '한국 이더리움' 도전기)

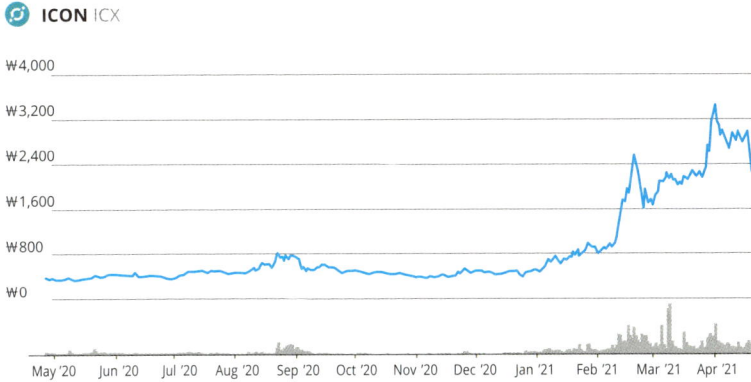

"한국의 이더리움"은 국산 암호화폐 프로젝트 아이콘(ICON)을 설명하는 대표적인 수식어다. 아이콘은 2018년 보스코인에 이어 두 번째로 국내 ICO(암호화폐공개)를 성공한 토종 프로젝트다. 당시 금융 당국은 ICO를 법으로 금지하고 있었지만 아이콘은 프로젝트를 진행하기 위해 스위스 주크(Zug)에 재단을 설립하며 규제를 빗겨갈 수 있었다.

　아이콘은 국내 블록체인 스타트업 '더루프(theloop)'가 개발한 독자적인 기술 '루프체인(loopchain)'을 바탕으로 만들어졌다. 아이콘은 이더리움, 트론, 퀀텀 등 서로 다른 블록체인을 연결하는 것이 목표다. 특히 하나의 블록체인으로 모든 세계가 연결되는 게 아니라 독립적인 블록체인들이 각자 커뮤니티를 통해 운영되다가 필요에 따라 연결되는 '분산화 연결' 방식이 특징이다.

아이콘이 주로 사용되는 분야는 금융, 의료, 교육 등이다. 예를 들어, 의료기관과 보험사의 블록체인을 연결한다면 병원에서는 보다 손쉽게 진료 기록을 확인할 수 있다. 루프체인이 연결한 블록체인 네트워크에서 유저들은 아이콘의 암호화폐인 ICX를 통해 거래할 수 있다.

아이콘은 국내에서 블록체인 사업을 가장 잘하는 팀으로 손꼽히기도 한다. 아이콘을 운영하는 아이콘루프 재단은 메인 사업 '루프체인 엔터프라이즈' 외에도 블록체인 기반 증명서 발급 서비스 '브루프(broof)', 디지털 ID 서비스 '마이아이디(MyID)', 블록체인 기반 신원 인증 서비스 '디패스(DPASS)' 등을 운영하고 있다.

국내에서 진행 중인 블록체인 관련 사업은 순조롭게 진행하고 있지만 정작 메인넷 부문은 아쉬움이 남는다. 지난 2019년 아이콘은 페이스북의 '디엠(Diem)', 카카오의 '클레이튼(Klaytn)'처럼 자체 플랫폼에서 디앱을 운영할 수 있는 파트너를 모집했다. 하지만 플랫폼을 사용하는 유저 수가 부족해 생태계 자체가 활성화되지 않자 파트너들이 하나둘씩 떠나기 시작했다.

시가총액 **75위**

디센트럴랜드
(Decentraland) MANA

기술성: ★★   사업성: ★★★

가격: Underweight(메타버스 수혜주, 하지만 유저는 그대로?)

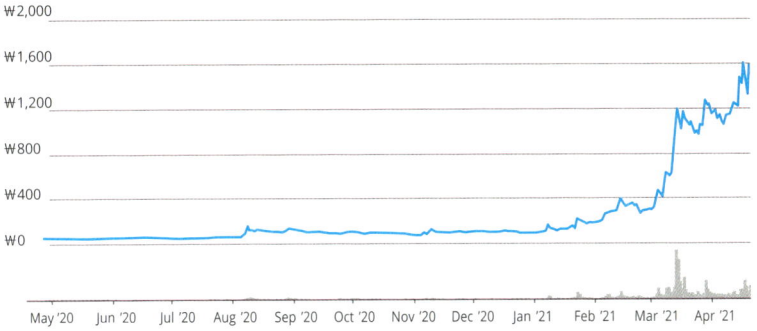

Decentraland MANA

'부동산 불패의 법칙'이란 말이 있다. 가치가 오르는 투자자산 중 부동산은 수익률이 항상 좋았다는 의미다. 부동산이 좋은 투자법이란 것은 누구나 안다. 하지만 오를 만한 부지의 땅값은 그야말로 천정부지로 오른 상황. 대안은 없을까?

디센트럴랜드는 블록체인 기반 가상현실 게임이다. 게임을 즐기는 유저가 직접 이름과 아바타를 정한 뒤 온라인 세계를 탐험할 수 있다. 특히 유저는 현실에서 부동산에 투자하듯이 게임 내 토지(land)를 소유하거나 매매할 수 있다. 토지가 있다면 건물을 짓는 것도 가능하다. 땅과 건물의 소유권은 블록체인 기술을 통해 증명한다.

디센트럴랜드는 이처럼 획기적인 아이디어로 2017년 ICO를 통해 2천만 달러(약 240억 원)가 넘게 모으며 시장의 관심을 한 몸에 받았다. 이후 3년에 가까운 개발 기간을 거친 끝에 지난 2020년 2월 서비스를 정식 오픈했다.

게임의 운영은 일반적으로 넥슨, NC 같은 중앙화된 하나의 게임사가 아니라 유저들이 자율적으로 커뮤니티를 형성하는 'DAO(탈중앙화 조직)' 방식으로 이뤄진다. 유저들은 DAO를 통해 업데이트 및 토지 경매 게임과 연관된 모든 의결 사항에 대해 투표할 수 있다. 심지어 게임 개발사마저도 유저들의 동의 없이 게임 규칙을 바꿀 수 없다.

디센트럴랜드는 최근 메타버스(Metaverse) 열풍에 힘입어 시장의 큰 관심을 받고 있다. 메타버스란 '가상'을 뜻하는 메타(Meta)와 '세계관'을 의미하는 유니버스(universe)의 합성어로, 현실과 디지털 기술이 결합된 복합 가상 세계를 의미한다. 2020년 3월 뉴욕증권거래소(NYSE)에 메타버스 대표 종목으로 분류되는 가상게임 플랫폼 로블록스가 상장되며 세간의 주목을 받았다.

디센트럴랜드의 암호화폐인 MANA는 게임 내 자산을 구매할 때 사용하는 화폐다. 게임을 즐기는 유저가 많아질수록 가격도 오르는 '유틸리티형' 토큰에 속한다. 메타버스의 인기에 힘입어

MANA 토큰의 가치도 대폭 상승했다. 하지만 디센트럴랜드를 플레이하는 유저 자체가 늘어난 것은 아니라는 점에 유의해야 한다.

상승 기반이 부족한 만큼 언제 가격이 폭락해도 이상할 게 없다. 암호화폐도 주식과 마찬가지로 특징주를 투자할 때는 신중한 접근이 필요하다.

시가총액 **76위**

퀀텀(Qtum) QTUM

기술성: ★★★　　사업성: ★★

가격: Underweight(중국 수혜주의 대표 코인. 인공위성은 어디에?)

Qtum QTUM

퀀텀은 중국을 대표하는 암호화폐 프로젝트 중 하나다. 지난 2016년 3월 싱가포르 퀀텀 재단에서 시작됐다. BAT(바이두, 알리바바, 텐센트) 등 중국을 대표하는 인터넷 기업 출신 개발자들이 대거 참여하며 중국의 상징적인 암호화폐로 자리매김했다.

　퀀텀이 암호화폐 시장에서 본격적으로 이름을 알리게 된 계기는 인공위성을 발사하면서부터다. 퀀텀은 2018년 2월 중국 국가우주국에서 발사한 인공위성 '장헝 1호(ZH-1)'에 초소형 위성을 탑재해서 쏘아 올렸다.

장형 1호에는 정밀도 자석, 고주파 분석기, 고에너지 입자 탐지기 등 지진을 계측하기 위한 여섯 가지 비행체와 함께 퀀텀의 블록체인 노드를 탑재한 초소형 비행체 '큐브셋(Cubesat)'이 탑재됐다. 퀀텀은 올해 안에 총 72개의 인공위성을 쏘아 올려 이를 망으로 연결해 블록체인 네트워크를 구축하고자 한다.

  인공위성을 띄워서 블록체인 생태계를 만들면 무엇이 좋을까? 일단 기존 인터넷을 이용할 때보다 수수료가 저렴해진다. 인터넷을 사용하는 기존 온체인(onchain)은 모든 기록을 블록체인에 저장하기 때문에 검증 시간이 길고, 수수료가 비싸다.

  반면 인공위성 노드를 사용하는 오프체인(offchain) 방식은 최종 결과만을 기록해 검증 시간과 수수료를 줄여준다. 즉, 위성에 탑재된 노드를 통해 인터넷이 없는 곳에서도 디앱을 쓸 수 있게 하겠다는 것이 퀀텀의 목표다.

  한편, 퀀텀은 최근 탈중앙화 금융 디파이에도 관심을 두는 모양새다. 2021년 3월 퀀텀의 창업자 페트릭 다이(Patrick Dai)는 트위터를 통해 가치가 안정적인 스테이블 코인을 도입하겠다고 밝혔다. 또한 4월에는 하드포크를 진행하며 플랫폼의 속도도 개선하겠다고 나섰다.

  인공위성을 쏘아 올리며 업계의 주목을 받았지만 관련 사업을 이어가기엔 녹록치 않았던 모양이다. 최근 퀀텀의 사업 방향성은 여느 블록체인 프로젝트와 다르지 않다. 중국의 이더리움을 표방하며 야심만만하게 시작했지만, 시간이 흐를수록 점점 프로젝트의 정체성이 모호해지는 느낌은 기분 탓일까?

시가총액 **77위**
비트코인골드(Bitcoin Gold) BTG

기술성: ★★　　　사업성: ★★
가격: Underweight(형만 한 아우 없다는 게 학계의 정설)

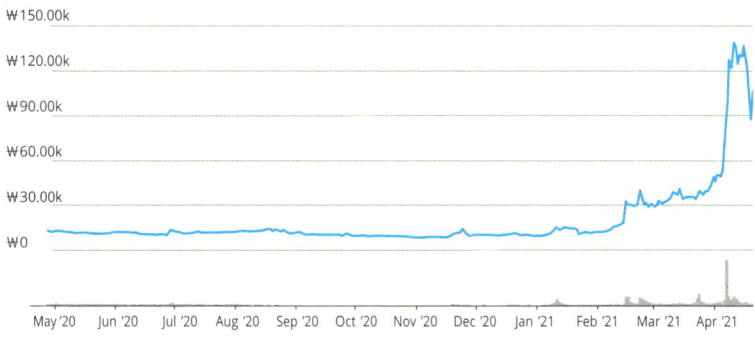

암호화폐의 대장주 비트코인(BTC)에게는 몇 명의 형제가 있다. 바로 비트코인캐시(BCH), 비트코인SV(BSV), 비트코인골드(BTG), 비트코인다이아몬드(BCD) 등이다. 이름도 비슷한 비트코인 형제들은 모두 BTC 네트워크에 뿌리를 둔 코인들로 '포크'라는 업그레이드 과정을 거쳐 탄생했다.

통상 블록체인은 두 가지 형태로 나뉜다. 공개형(Public)과 허가형(Private)이다. 그중 공개형 블록체인은 누구나 시스템에 접근할 수 있으며 본인이 원할 경우 하드·소프트포크를 통해 새로운 형태와 규칙으로 블록체인을 이원화할 수도 있다.

　비트코인은 공개형 블록체인이며 앞서 말한 형제들은 처리 속도 개선, 용량 확장 등을 목표로 하드포크된 업그레이드 버전의 비트코인인 셈이다.

　비트코인골드(BTG)는 비트코인캐시(BCH)에 이어 두 번째로 태어난 비트코인 파생 암호화폐다. BCH에 대항하기 위해 2017년 10월 24일 중국의 잭 리아오(Jack Liao)가 만들었다.

　BTG는 BTC의 가장 큰 단점으로 꼽히는 '채굴의 중앙화' 문제를 해결하기 위해 등장했다. 채굴의 중앙화란 쉽게 말해 좋은 컴퓨터를 많이 가지고 있는 소수의 세력이 비트코인 채굴을 독점하는 현상을 뜻한다.

　채굴의 중앙화는 BTC의 채굴 방식인 작업증명(PoW) 때문에 발생한다. 이에 BTG는 기존 방법 대신 '이퀴해시-BTG(Equihash-BTG)'라는 방식을 통해 보다 손쉽게 암호화폐를 얻을 수 있도록 만들었다. 이퀴해시 BTG를 사용하면 별도의 고가 장비를 갖추지 않고도 일반 컴퓨터에서도 채굴이 가능해진다.

　옛말에 "형만 한 아우 없다"고 했던가. 비트코인에서 파생된 암호화폐들은 BTC에 비해 가격 등락폭이 몹시 큰 편이다. 또한 지분증명 방식으로 보안성과 투명성을 확보한 BTC에 비해 다른 비트코인 파생 암호화폐들은 해커들의 공격에 취약한 모습(51% 공격)을 보이거나, 개발자의 오너리스크 논란에 휩싸이기도 한다.

　BTC 파생 암호화폐들은 BTC의 약점을 보완하기 위해 만들어졌다. 하지만 BTC를 실생활 결제 수단으로 활용하기 위한 프로젝트는 레이어2 솔루션을 비롯해 더 그럴싸한 방식으로 개발되고 있다. 혹자는 BTC를 결제 수단이 아닌 투자자산 자체로 받아들여야 한다고 주장한다. 양쪽 비판 모두 BTC 파생 암호화폐들에게는 대답하기 어려운 질문이 될 수밖에 없다.

시가총액 **78위**

온톨로지(Ontology) ONT

기술성: ★★★★ 사업성: ★★★
가격: Overweight(이제는 블록체인도 ESG!)

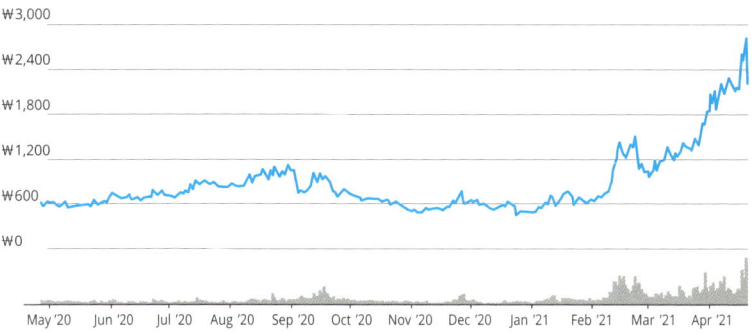

온톨로지(ONT)는 2017년 중국 핀테크 기업인 온체인(Onchain)에서 시작됐다. 당시 시가총액 10위권에 있던 암호화폐 네오(NEO)의 창업자 다 홍페이가 공동 창립자로 나서면서 주목을 받았다.

온톨로지는 신뢰를 기반으로 한 데이터 교환과 권한 부여에 주목하는 블록체인 프로젝트다. 온톨로지는 스스로를 '분산형 신뢰 협력 플랫폼'이라 정의한다. 신원 인증, 데이터 교환, 정보 보안, 작업 증명 등 '신뢰'가 필요한 광범위한 부분에 적용 가능하다는 것이다.

온톨로지의 토큰은 두 종류가 있다. 온톨로지(ONT)와 온톨로지

가스(ONG)다. ONT는 온톨로지 플랫폼 네트워크에서 의사결정을 위한 용도로 사용된다. 의결권이 있는 주식과 같은 역할이다. ONG는 스마트 콘트랙트 실행을 매개할 때 활용된다. ONT의 초기 10억 개이며 의사결정 외에도 스마트 콘트랙트를 작동시키거나 저장소를 사용할 때 그리고 거래를 활성화할 때 사용된다.

온톨로지 플랫폼은 은행, 병원, 금융, 물류 등 정보의 신뢰성이 중요한 사업 분야의 관심을 끌고 있다. 온톨로지는 공급원에서 가져온 신원 정보를 검증해줌으로써 자신의 정보와 연결해주는 매개체 역할을 한다. 쉽게 말해 위변조가 불가능한 블록체인 시스템을 활용함으로써 중앙화된 기관에 의한 신원 확인이 필요 없어지는 셈이다.

최근 온톨로지는 각종 디파이 프로젝트와의 협업을 통해 생태계 확장을 이어나가고 있다. 특히 온톨로지는 매주 공식 블로그를 통해 사업의 진행도를 투자자들에게 공유함으로써 커뮤니티 관리에도 적극 나서고 있다.

한편, 온톨로지는 최근 글로벌 금융투자 시장의 화두로 떠오른 ESG(환경·사회·지배구조) 경영에도 많은 관심을 보이고 있다. 기업의 지속 가능성을 위해서는 앞으로 개인 정보 보호 등 비재무적인 요소가 중요해질 것이며, 이를 블록체인을 활용한 신뢰 구축 플랫폼인 온톨로지가 해낼 수 있다는 주장이다.

암호화폐 프로젝트가 비단 암호화폐 트렌드뿐만 아니라 글로벌 시류에 편승하는 모습은 꽤 긍정적으로 보인다. 온톨로지의 성장이 기대된다.

시가총액 **79위**

유엠에이(UMA) UMA

기술성: ★★★★ 사업성: ★★★
가격: Overweight(암호화폐 파생상품의 선구자가 될 가능성이 높음)

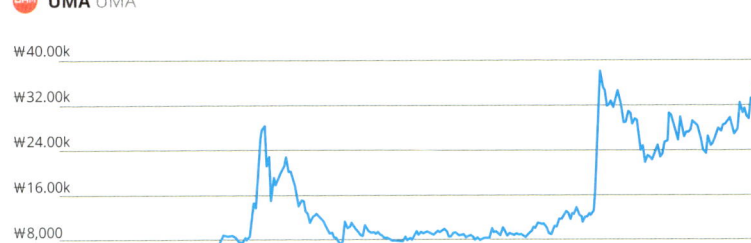

파생상품은 '현대 금융의 꽃'이라 불린다. 경우에 따라 헤지(Hedge)를 통해 손실 위험을 줄이고, 수익은 배가시킬 수 있어 자본 시장에 활력을 불어넣는다. 암호화폐 시장에도 각종 파생상품이 있다. 그중 유엠에이(UMA)는 외화나 주식의 가격과 연동하는 토큰을 제작할 수 있는 플랫폼 UMA를 운영하고 있다.

UMA는 해당 플랫폼을 통해 사용자들이 실제 자산이 아닌 담보자산의 가격과 연동된 토큰을 만들 수 있다. 애플 주식을 갖고 있지 않아도 애플 주식의 가치를 추적하는 가치 추종 토큰을 제작할 수 있는 셈이다. UMA 플랫폼의 자체 토큰 UMA는 플랫폼을 관리하고 자산 가격에 투표할 때 사용되는 이더리움 기반 토큰이다.

UMA 합성 토큰의 가치는 블록체인 스마트 콘트랙트에 명시된 날짜까지 유효하다. 투자자가 100달러의 합성 토큰에 투자할 경우 120%에 해당하는 UMA를 담보로 맡겨야 한다. 이후 차익이 발생하면 투자자가 가져가는 구조다.

투자자들이 직접 해외 주식을 사면되지 왜 주가 추종 토큰을 따로 발행하는 걸까? 몇 가지 이유가 있다. 첫 번째로 접근성이 편리해진다. 보통 해당 국가의 증권거래소에서 주식을 구매하기 위해서는 본인 확인 절차와 계좌 연동 같은 엄격한 과정을 밟아야 한다. 하지만 주가 추종 토큰은 주식과 가격이 연동되어 있을 뿐 주식은 아니므로 다소 손쉽게 투자할 수 있다.

절세 측면에서도 이점이 있다. 국내에선 해외 주식에 투자해 연간 250만 원 이상의 수익이 발생하면 약 22%의 양도소득세를 내야 한다. 국세청은 내년부터 암호화폐 투자 차익에 과세를 진행하겠다고 밝혔지만 법률 적용 과정에서 적지 않은 분쟁과 시간이 소요될 것으로 보인다.

암호화폐 합성 토큰은 적용 범위가 넓다. 해외 주식뿐만 아니라 달러, 금, 원유 등 가치를 추종할 수 있는 모든 투자자산에 적용할 수 있다. 물론 지수를 추종하는 인덱스 펀드를 토큰화하는 것도 가능하다. 파생상품 플랫폼의 토큰들은 최근 디파이가 주목받으며 가격이 부쩍 올랐다. 개별 토큰 투자 시 주의가 필요하지만 카테고리 자체의 성장 가능성은 높은 편이다.

시가총액 **80위**

헬륨(Helium) HNT

기술성: ★★★   사업성: ★★★
가격: Underweight(신선한 아이디어임에도 국내 커뮤니티에서 인기가 없는 이유가 있음)

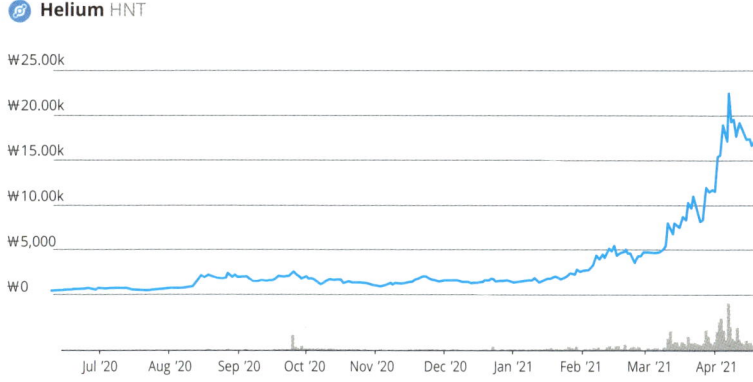

헬륨(HNT)은 사물인터넷(IoT)을 활용해 전 세계 어디서나 무선으로 인터넷을 사용할 수 있는 환경을 만들고자 하는 블록체인 기반 프로토콜이다. 메인넷은 지난 2019년 9월에 런칭했다. 헬륨은 각각의 IoT 기반 무선 디바이스가 서로 블록체인 네트워크를 운영하는 노드(Nord)가 되고 데이터도 전송할 수 있도록 돕는다.

헬륨의 노드는 자체적으로 데이터를 전송하는 '무선 게이트웨이' 역할을 수행하지만 동시에 암호화폐인 HNT를 채굴하는 채굴기가 되기도 한다. 쉽게 말해 노드를 보유하고 작동시킴으로써 헬륨 네트워크를 안정적으로 만드는 데 기여한 이에게 HNT를 보상으로 제공하는 셈이다.

비트코인 같은 작업증명(PoW) 기반 암호화폐를 채굴하기 위해서는 고가의 그래픽카드(GPU)나 ASIC 등 특수 기기를 사용해야 한다. 암호화폐 가격이 오를수록 장비 값도 오른다. 반면 헬륨의 노드는 상대적으로 저렴한 가격에 HNT를 채굴할 수 있다는 장점이 있다. HNT를 채굴할 수 있는 내부용 장비가 300파운드(약 46만 원) 정도에 거래되고 있다.

HNT는 헬륨 네트워크의 기본 토큰으로 매달 500만HNT가 발행된다. 채굴 주기는 약 30~60분 정도다.

헬륨이 꿈꾸는 인터넷 환경이 원활하게 구축되려면 이른바 수많은 '기지국'이 필요하다. 다시 말해 헬륨의 노드가 도시 곳곳에 깔려야 하는 셈이다. 헬륨 노드를 확인할 수 있는 '헬륨 커버리지' 사이트에 따르면, 안타깝게도 2021년 4월 기준 국내에서 HNT 노드를 운영하고 있는 곳은 단 한 군데도 없다. 지리적으로 가장 가까운 곳이 중국 둥강시 부근이다. 인터넷을 저렴하게 쓰려고 중국까지 갈 수는 없는 일이다.

유저들이 직접 네트워크망 제작·관리에 참여하고 그에 대한 보상을 암호화폐로 받는 구조는 신선하다. 하지만 대한민국은 5G도 느리다고 말하며, 와이파이가 조금이라도 느리게 작동할 경우 답답함을 이기지 못해 무선 데이터를 사용하는 곳이다. 아쉽지만 국내에서 사물인터넷 기반 네트워크망이 활성화되는 일은 보기 어려울 것 같다.

시가총액 **81위**

제로엑스(0x) ZRX

기술성: ★★★★   사업성: ★★★★
가격: Overweight(제로엑스는 DEX의 미래다!)

제로엑스(0x)는 탈중앙화 거래소(DEX)다. 바이낸스, 업비트, 빗썸처럼 거래소를 운영하는 주체가 없고 블록체인을 통해서 운영된다. DEX는 사용자의 자산이 거래소에 위탁되지 않고 매수와 매도가 발생할 시 바로 이동이 발생한다. 다시 말해 사용자 간 P2P 거래가 실시간으로 이뤄지기 때문에 신뢰도가 높은 편이다.

DEX의 가장 큰 장점은 안전성이다. 고객의 자산을 예치하는 중앙 기관이 없기 때문에 자산을 노린 해커의 공격을 당할 일이 없다. 지난 2019년 업비트는 해커의 공격으로부터 580억 원 규모의

ETH를 도난당했다. 탈취된 ETH의 가격은 현재 10배 이상 상승했다. 안타까운 일이다.

하지만 현 상황에서 DEX는 장점보다 단점이 더 부각된다. 우선 DEX의 단점은 크게 세 가지다. 비싸고, 느리고, 거래량이 적다는 점이다. 일단 DEX는 모든 거래 행동이 블록체인(보통 이더리움)에 기록되기 때문에 매 행동마다 수수료가 부과된다. ETH 가격이 오른다면 DEX를 사용하는 가격도 오르는 셈이다.

자산의 유동성이 적기 때문에 거래량이 적다. 내가 DEX에서 A코인을 팔고 싶은데 구매자가 나타나지 않을 경우 매매는 체결되지 않는다. 느린 처리 속도로 인해 실시간으로 변하는 암호화폐 가격을 적용하지 못하는 경우도 간혹 발생한다. 이 같은 불편함으로 인해 DEX를 찾는 투자자는 매우 적은 상황이다.

제로엑스는 DEX들이 오더북을 공유할 수 있는 풀을 마련해줌으로써 앞서 제기된 단점을 극복하려는 프로젝트다. 특히 매 활동이 블록체인에 기록되며 속도가 느려지고 수수료가 비싸지는 것을 막기 위해 대부분의 거래 활동은 일반적으로 처리한 뒤 마지막 실제 결과치인 거래 값만 블록체인에 기록하는 방식을 차용했다.

ZRX의 가격이 오르려면 DEX를 사용하는 유저 자체가 늘어나야 한다. 중앙화 거래소와 DEX의 대결은 곧 편리함과 안전성의 대결이다. 과연 투자자들은 어떤 가치를 더욱 중시하게 될까?

시가총액 **82위**

시아코인(Siacoin) SC

기술성: ★★　　사업성: ★★
가격: Underweight(닭이 먼저인가, 달걀이 먼저인가. 딜레마가 아닐 수 없다)

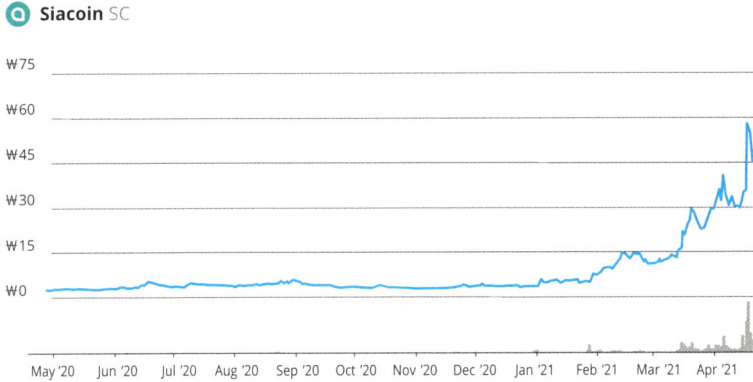

 자신이 5층짜리 건물 한 채를 가지고 있다고 가정해보자. 1층은 상가 임대를 주고, 2~4층은 오피스텔 월세를 주고, 5층은 내가 직접 살면 건물 한 채에 공간이 남지 않고 알차게 사용할 수 있다.
 자, 그러면 이번엔 집이 아니라 컴퓨터로 가정해보자. 컴퓨터에는 하드디스크라는 저장 공간이 있다. 하나의 하드디스크(집)를 여러 개의 층(파티션)으로 나눠 중요 프로그램, 음악, 동영상, 게임, 사진 등 각종 파일을 넣어 보관할 수 있다. 그러면 남는 공간은? 시아코인은 이처럼 하드디스크에 남는 공간을 어떻게 활용할지 고민

하다가 생겨난 블록체인 프로젝트다.

시아코인의 플랫폼은 저장 공간과 블록체인을 결합한 형태다. 쉽게 말해 하드디스크에 남는 공간을 공유하면 이를 합쳐 하나의 거대한 데이터 창고를 만들고 이를 필요한 사람들에게 나눠 준다. 우리가 잘 알고 있는 구글 드라이브나 웹하드와 비슷한 형태다. 유저는 하드디스크의 빈 공간을 원하는 사용자에게 임대해주고 월세를 받듯 시아코인(SC)으로 보상받는다.

시아코인 플랫폼의 가장 큰 장점은 저렴한 가격이다. 보통 클라우드 서비스를 이용하려면 데이터 용량에 상응하는 가격을 지불해야 한다. 예를 들어 5TB(테라바이트) 규모 저장 공간을 한 달간 빌린다면 구글 클라우드는 100달러, 아마존 웹서비스(AWS)는 115달러를 지불해야 한다. 반면, 시아코인은 5달러만 지불하면 된다.

블록체인 기반 높은 보안성도 장점으로 꼽힌다. 시아코인은 블록체인에 데이터를 암호화시켜서 저장하기 때문에 플랫폼에 연결된 모든 컴퓨터를 해킹하지 않고서는 그 안에 저장된 내용을 확인할 수 없다. 실시간으로 업데이트되는 모든 컴퓨터를 해킹하기란 사실상 불가능에 가깝다.

단점도 있다. 무엇보다 속도가 굉장히 느리다. 모든 P2P 네트워크가 그렇듯 원활한 속도를 유지하기 위해선 꾸준한 컴퓨팅 파워가 공급돼야 한다. 하지만 참여 유저가 적을 경우 속도는 크게 떨어진다. 시아코인 플랫폼의 속도가 빨라지려면 유저가 늘어나야 한다. 유저가 늘기 위해선 전송 속도가 빨라야 한다. 이것 참 딜레마로다.

시가총액 **83위**

OMG네트워크
(OMG Network) OMG

기술성: ★★   사업성: ★★
가격: Underweight(반드시 오미세고를 택해야만 하는 이유가 있는 게 아니고선…)

OMG Network OMG

오미세고(OmiseGo)는 태국을 기점으로 동남아시아에서 전자 결제 서비스를 제공하고 있는 오미세(Omise)의 자회사다. 오미세고는 '은행 중심에서 벗어나자(Unbank the Banked)'를 슬로건으로 내걸고 탈은행화를 지향하는 프로젝트다.

오미세고의 목표는 중앙 집중화된 은행 시스템에서 벗어나 온라인 거래를 하는 모든 사람들의 전자 지갑 간 결제 기능을 제공하는 것이다. 즉, 은행 인프라를 이용하기 힘든 개발도상국에서도 OMG 토큰을 활용해 송금, 적금 등의 금융 서비스를 이용할 수 있도록 서비스를 지원하고자 한다.

여기서 주목할 점은 별도의 계좌가 아닌 암호화폐 지갑을 이용한다는 점이다. 오미세고는 자체 플랫폼 내에서 유저들의 지갑을 연결함으로써 하나의 금융 네트워크 통신망을 만들고자 한다. 이처럼 P2P 망이 구축되면 은행을 이용하는 것보다 쉽고 저렴한 가격에 금융 서비스를 처리할 수 있다.

오미세고는 '플라즈마' 솔루션을 최초로 도입한 블록체인 프로젝트로도 유명하다. 플라즈마는 이더리움의 느린 속도를 해결하기 위한 일종의 보조 프로그램이다. 기존에 하나의 블록체인에서 처리되던 데이터들을 여러 개의 블록체인을 더해 업무를 분산시켜줌으로써 속도를 높이는 방식이다.

오미세고는 2020년 12월 홍콩에 본사를 둔 글로벌 블록체인 투자펀드 제네시스 블록 벤처스(Genesis Block Ventures)에 인수됐다. 제네시스 블록 벤처스는 OMG와의 협력을 통해 탈중앙화 부문을 강화하며 대출·거래 플랫폼을 구축할 계획이다.

오미세고의 단점으로는 유사한 프로젝트가 많다는 점을 꼽을 수 있다. 시가총액 100위권에 안착해 있는 암호화폐 프로젝트 중 상당수는 간편 결제 시스템을 지향하는 페이먼트(Payment) 토큰들이다. 그중 리플(XRP), 스텔라루멘(XLM) 등 시가총액 10위대에 올라서 있는 토큰들도 있다.

투자자 입장에서 유사한 목표를 지향하는 프로젝트가 여럿이라면 상대적으로 시가총액이 높고, 투자자도 많고, 커뮤니티도 활성화된 쪽을 택하는 게 자연스럽지 않을까.

시가총액 **84위**

웨이브즈(Waves) WAVES

기술성: ★★★   사업성: ★★★
가격: Neutral(무색무취)

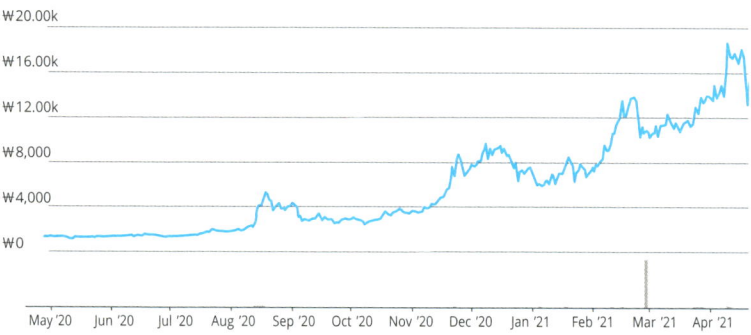

◆ **Waves** WAVES

웨이브즈는 러시아 개발자 알렉산더 사샤 이바노프(Alexander Sasha Ivanov)가 2016년에 개발한 암호화폐 플랫폼이다. 웨이브즈 플랫폼에서 유저들은 새로운 암호화폐를 개발하거나 다른 암호화폐 지갑에 전송할 수 있다. 또한 플랫폼 자체에서 P2P 방식을 활용해 탈중앙화 거래소(DEX) 역할도 수행할 수 있다.

웨이브즈 플랫폼의 가장 큰 장점은 쉽다는 점이다. 웨이브즈는 블록체인을 잘 모르는 사용자도 쉽고 간단하게 플랫폼을 활용할 수 있도록 단순한 사용자 인터페이스(UI)를 제공할 수 있게 설계됐다. 블록체인을 잘 활용하는 전문가뿐만 아니라 입문자나 초보 투자자도 거래에 참여할 수 있도록 설계된 셈이다.

　암호화폐 개발자이자 설립자인 이바노프는 이와 같은 아이디어를 인정받으며 당시 가치로 약 200억 원에 해당하는 비트코인(BTC)을 투자받았다. 해당 금액은 세계에서 두 번째로 큰 규모의 ICO 모금액을 기록했었다. 이바노프는 투자금을 기반으로 2017년 스위스에 웨이브즈 플랫폼 에이지(Waves Platform AG)라는 회사를 설립했다.

　많은 초창기 암호화폐 프로젝트가 그렇듯 웨이브즈 또한 '러시아의 이더리움'으로 불리고 있다. BTC와 달리 별도의 채굴 작업이 없이도 암호화폐를 채굴할 수 있다는 특징이 있다. 2021년 4월 기준 웨이브즈의 시가총액은 14억 9,175만 달러(약 1조 6,670억 원) 정도다.

　최근 웨이브즈는 각종 블록체인 프로젝트와 업무 협약을 맺으며 확장성을 넓혀가고 있다. 지난 2020년 12월에는 분산형 신뢰 구축 플랫폼 온톨로지와 손잡고 블록체인 기반 온라인 플랫폼을 개발한다고 밝혔다. 블록체인을 활용한 온라인 투표는 투명성과 기밀성을 보장할 수 있다는 장점이 있어 많은 기업이 개발에 뛰어들고 있다.

시가총액 **85위**

방코르(Bancor) BNT

기술성: ★★★ 사업성: ★★
가격: Underweight (해킹의 쓴맛, 후폭풍은 여전해)

방코르 프로토콜은 이더리움 블록체인 기반 탈중앙화 거래소다. 일반 거래소처럼 투자금을 미리 예치하지 않고도 P2P 거래를 통해 매수자와 매도자를 연결해준다.

방코르 프로토콜의 명칭은 케인스 경제학(Keynesian)에서 따왔다. 국제통화기금(IMF)이 제2차 세계대전 이후 국제 통화 전환을 체계화하기 위해 방코르(Bancor)라고 명명된 초국가적인 통화를 도입하자고 제안한 것을 기리기 위해 이 같은 이름을 지었다.

이름에서도 알 수 있듯이 방코르 프로토콜은 한 국가가 보유하고 있는 법정화폐가 아닌 새로운 화폐를 만들고, 다양한 사람이 해당 화폐로 거래하도록 돕기 위해 만들어졌다. 방코르 프로토콜에서 사용하는 암호화폐는 BNT이며 시가총액은 12억 3,427만 달러(약 1조 3,793억 원) 정도다. 국내에서는 코인원과 후오비 코리아 거래소에 상장돼 있다.

  방코르 프로토콜이 국내에 이름을 알리게 된 계기는 안타깝게도 대규모 해킹 사건에 연루되면서부터다. 지난 2018년 7월 방코르 거래소에서 특별한 용도로 보관하고 있던 150억 원 규모의 자체 자산을 익명의 해커에게 도난당한 일이 발생했다.

  당시 탈취된 암호화폐는 BNT 250만 개, 이더리움(ETH) 2만 5천 개, 펀디엑스(NPXS) 2억 3천만 개 등으로 해킹 발생 직후 방코르는 BNT 토큰의 거래를 동결시켰다.

  탈중앙화 거래소는 중앙화된 운영 주체가 없기 때문에 언뜻 보면 해커의 공격으로부터 안전해 보일지도 모른다. 하지만 만성적으로 유동성 부족에 시달리다 보니 소위 가격을 고의적으로 펌핑시키는 행위에 취약하며, 자그마한 프로그램 결함에 보안이 뚫리는 경우도 발생한다.

  탈중앙화 거래소의 부족한 유동성 문제는 제로엑스(0x)처럼 DEX 간 오더북을 공유해주는 프로토콜로 어느 정도 해소될 가능성이 있다. 하지만 국내 투자자 입장에서 굳이 대규모 해킹 사례가 있었고, 시가총액도 낮으며, 유저 수도 상대적으로 적은 방코르 거래소를 이용할 이유는 그리 많지 않아 보인다.

시가총액 **86위**

플로우(Flow) FLOW

기술성: ★★★★　　사업성: ★★★★
가격: Overweight(NFT 절대 강자. 상승 여력 충분)

플로우는 차세대 게임과 앱을 구동할 수 있는 블록체인 플랫폼이다. 플로우는 2017년 NFT 개념을 처음 적용시킨 블록체인 게임 크립토키티를 개발한 스타트업 대퍼랩스(Dapper Labs)가 개발했다.

　크립토키티는 초창기 이더리움 기반 디앱 중 유명세를 거둔 디앱에 속한다. 하지만 크립토키티를 즐기려는 유저 수가 늘어나자 이더리움 네트워크가 일정 기간 마비되고 수수료가 빠르게 늘어나는 불안정한 모습을 보였다. 이에 대퍼랩스는 더 빠르고 저렴한 블록체인 플랫폼을 만들기 위해 노력해왔다.

대퍼랩스는 자사의 파트너 기업이 디앱, 게임, 디지털 자산을 쉽게 개발할 수 있도록 지원한다. 또한, 플로우의 생태계 발전을 위해 디앱이나 게임을 만드는 팀에 인센티브를 제공하는 파트너 프로그램도 진행하며 초반 커뮤니티를 구축하는 데 공을 들였다.

FLOW 토큰은 플로우 블록체인에서 활용되는 암호화폐다. FLOW는 블록체인 생태계의 주요 구성원인 검증자, 개발자, 유저 등의 참여를 유도하고 그에 따른 보상으로 제공된다. 이 외에도 수수료 이전, 플랫폼 내 토큰 담보, 주요 투표 참여 등에도 활용된다.

대퍼랩스는 블록체인 업계뿐만 아니라 글로벌 VC(벤처캐피탈)들에게도 사업성과 기술력을 인정받고 있다. 현재 대퍼랩스는 유명 VC 앤드리슨 호로위츠(Andreessen Horowitz), 유니온 스퀘어 벤처스(Union Square Ventures), 록펠러 가문의 벤록(Venrock), 삼성넥스트(Samsung NEXT), 구글 벤처스(Google Ventures) 등의 투자를 받았다. 최근에는 농구와 블록체인을 결합한 게임 'NBA 탑샷'을 운영하며 시장의 주목을 받기도 했다.

대퍼랩스는 블록체인 기술을 누구보다 잘 이해하고 있는 기업 중 하나다. 2017년 크립토키티에 이어 2020년 NBA 탑샷까지 흥행을 거뒀다. 대퍼랩스가 운영하는 플로우 플랫폼에서 각종 게임 디앱이 운영된다면 자체 암호화폐 FLOW의 가격 또한 자연스럽게 상승할 가능성이 높다.

블록체인 분야에서 가장 주목받는 대형 플레이어로 성장한 대퍼랩스. 그들의 다음 행보가 기대된다.

시가총액 **87위**

디지바이트(Digibyte) DGB

기술성: ★★　　　사업성: ★★

가격: Underweight(이제는 놓아주어야 할 때)

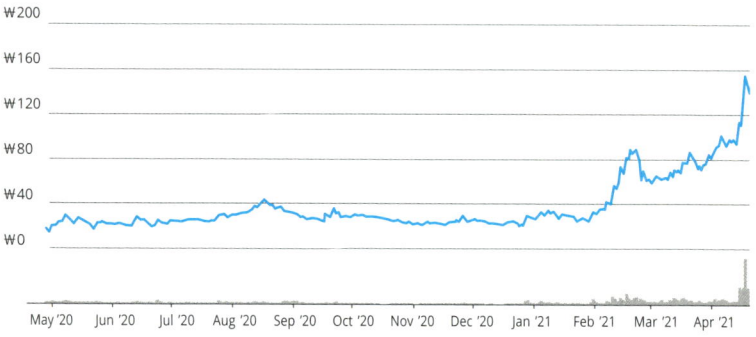

디지바이트는 2014년 제레드 테이트(Jared Tate)가 개발한 블록체인 플랫폼으로, 현존하는 프로젝트 중 가장 오래된 역사를 갖고 있다. 전 세계에서 10만 명 이상의 사용자를 보유하고 있으며 2021년 4월 기준 시가총액은 15억 8,508만 달러(약 1조 7,713억 원)에 달한다.

디지바이트는 비트코인 네트워크를 베이스로 만들어졌지만 블록이 만들어지는 속도를 크게 올려 전송 속도가 매우 빠르고 수수료도 저렴하다. 국내에서는 대구은행(DGB)과 이니셜이 같아 일부 커뮤니티에서는 '대구은행 코인'이라는 별명도 갖고 있다.

디지바이트는 지난 2017년 게임 관련 분야에서 두각을 나타내며 많은 관심을 받았다. DGB 코인은 한때 디지바이트 게이밍이라는 플랫폼으로 시장의 주목을 끌었다. 디지바이트 플랫폼과 결합된 게임을 플레이하면 유저가 DGB 코인을 받는 식이다.

하지만 디지바이트 게이밍 플랫폼은 2017년 5월 익명의 해커로부터 분산 서비스 거부 공격(디도스, DDOS)을 받은 뒤로 운영이 멈췄다. 이후 디지바이트는 게임 분야 서비스를 정리하고 리플(XRP), 라이트코인(LTC)처럼 기존의 결제 및 송금 기능에 집중하고 있는 것으로 알려졌다.

수많은 블록체인 프로젝트가 우후죽순처럼 생겨나고 사라지길 반복한다. 반면 디지바이트는 7년에 가까운 운영 기간 동안 크고 작은 사건들을 거치며 꾸준히 사업을 영위하고 있다. 지난 2020년에는 디지바이트 재단을 설립하고 각종 암호화폐 거래소와의 협약을 통해 상장을 이어가고 있다.

현재 국내 암호화폐 거래소 중에선 업비트와 후오비 코리아에서 DGB를 구매할 수 있다. 다만 다른 결제형 토큰에 비해 국내 커뮤니티의 규모가 현저히 작아 정보 접근성이 떨어지는 단점이 있다. 또한 '실패한 게임형 코인'이라는 이미지가 강하게 남아 있어 신규 투자자 유치가 쉽지 않다는 풍문도 들려온다.

시가총액 **88위**

팬텀(Fantom) FTM

기술성: ★★★   사업성: ★★
가격: Underweight (감이 좋거나, 정체성이 모호하거나)

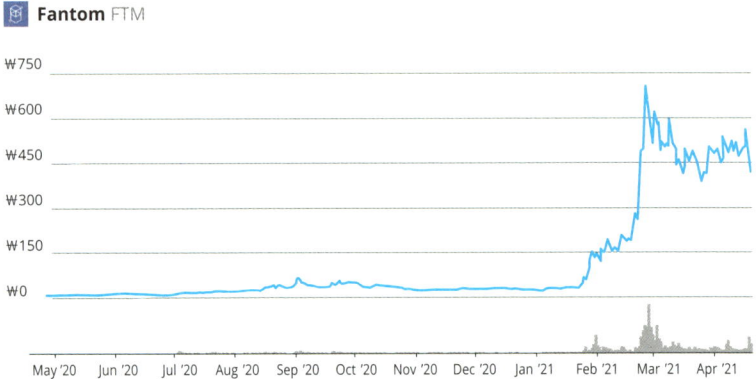

팬텀은 지난 2018년 국내 푸드테크 스타트업 '식신'과 한국푸드테크협회가 만든 블록체인 프로젝트이다. 당시 팬텀 코인은 ICO를 진행해 400억 원에 달하는 투자금을 확보했다.

팬텀은 '푸드테크' 분야에 블록체인을 접목시킨 모델로 시장의 주목을 받았다. 팬텀은 맛집 정보 애플리케이션인 '식신' 앱에서 리뷰를 작성하고 이벤트에 참여하면 자체 암호화폐인 팬텀 토큰(FTM)을 제공하거나, 포스뱅크의 포스(POS) 기기가 설치된 매장에서 FTM으로 결제하는 서비스를 추진했다.

팬텀은 자체적인 메인넷(블록체인 네트워크)도 개발했다. '오페라 체인'이라는 이름의 메인넷은 '방향성 비순환 그래프(Directed Acyclic Graph, DAG)' 알고리즘을 적용해 기존 블록체인보다 속도와 보안성을 획기적으로 높이고자 노력했다.

DAG란 프로그램을 짤 때 사용하는 알고리즘이 특정한 방향을 향하고 있으며, 서로 순환하지 않는 구조로 짜인 그래프를 말한다. 아이오타(IOTA), 하이콘(Hycon) 등 블록체인 3.0 세대로 불리는 프로젝트들이 많이 차용한 것으로 알려졌다.

팬텀은 개발 초기 푸드테크 분야에 집중하다가 이후 파트너십을 통해 의료, 유통 등 다양한 산업으로 사업 범위를 넓혔다. 최근에는 블록체인 시장을 휩쓸었던 각종 탈중앙화 금융(디파이) 프로젝트들과 업무 협약을 맺으며 스테이킹, 대출을 비롯한 디파이 서비스에 집중하고 있다.

NFT 사업도 진행하고 있다. 2021년 4월 팬텀은 FTM의 활용 가치를 넓히고자 NFT 거래 플랫폼 슈퍼팜(Superfarm)과 업무 협약을 맺었다.

팬텀이 진행하는 사업을 보면 블록체인 업계의 거시적인 흐름을 가늠할 수 있다. 좋게 말하면 시류를 읽는 감이 뛰어나고, 나쁘게 말하면 브랜드 정체성이 모호하다는 의미도 된다. 안타깝지만 팬텀 프로젝트를 한 문장으로 설명하기가 점점 어려워진다.

시가총액 **89위**

스위스보그(SwissBorg) CHSB

기술성: ★★ 사업성: ★★★
가격: Underweight(재밌는 아이디어지만 내리막길을 걷는 중. 투자 가치 적음)

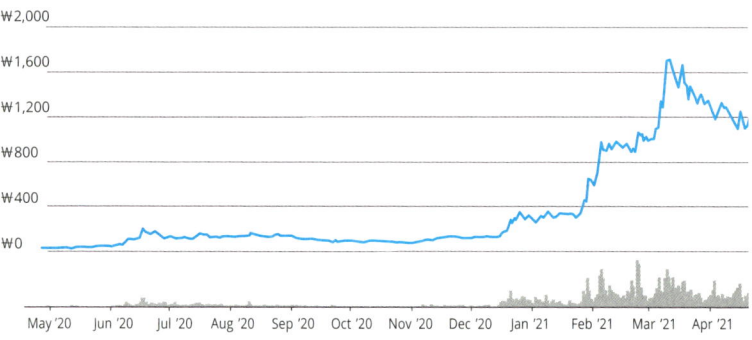

"한 달 뒤 원유 가격이 오를까, 내릴까?"

특정 시점에 투자자산(현물)의 가격이 오르거나 내릴 것으로 가정하고 베팅하는 '예측 상품'은 금융 시장에 활기를 불어넣는 주요 수단이다. 우리가 잘 알고 있는 각종 파생상품들이 여기에 속한다.

자, 그러면 질문을 바꿔보자.

"한 달 뒤 비트코인(BTC) 가격은 오를까, 내릴까?"

누구라도 쉽게 답변을 내놓기 어려울 것이다. BTC처럼 변동성이 높은 자산은 가격 예측이 어려워 매수(롱)나 매도(숏) 포지션을 취하기 까다롭기 때문이다.

스위스보그는 이러한 고민에서 만들어졌다. 스위스보그는 이름에서도 알 수 있듯이 스위스 소재 블록체인 스타트업으로, 지난 2019년 비트코인 투자 시뮬레이션 게임 애플리케이션 '스위스보그 커뮤니티 앱(SwissBorg Community App)'을 출시했다.

스위스보그 커뮤니티 앱은 일정 시점의 비트코인 가격을 예측하고 점수를 받는 서비스를 제공한다. 유저는 스코어 랭킹에 따라 실제 BTC를 보상으로 받을 수 있다. 손익이 발생할 수 있는 실제 파생상품이 아니라 가상의 게임을 통해 가격을 예측하고 보상도 얻어가는 시스템을 만든 것이다.

스위스보그 앱은 BTC 가격 변동에 대한 기술 분석과 마켓 리포트도 제공하고 있다. 스위스보그는 "커뮤니티의 집단 지성을 활용해 비트코인 가격 예측에 도움을 준다"며 "집단 지성 플랫폼을 구축해 커뮤니티를 연결하고 더 크게 확장시킬 수 있을 것으로 기대하고 있다"며 해당 서비스를 소개한다.

이 외에도 항공권을 비교 검색해주는 서비스 '스카이스캐너'처럼 BTC나 ETH 등 주요 암호화폐를 각종 거래소에서 가장 싸게 살 수 있는 기능도 제공한다. 스위스보그는 커뮤니티 앱과 자산 관리 서비스를 통해 블록체인 투자 커뮤니티를 활성화하는 게 목표다.

시가총액 **90위**

리베인(Revain) REV

기술성: ★★　　　사업성: ★★
가격: Underweight(해결하려는 문제에 도리어 발목을 잡힌 경우)

R Revain REV

'내돈내산'이라는 말이 유행한 적이 있다. 얼마 전 유튜브를 비롯한 콘텐츠 제작자들이 광고임을 밝히지 않고 제품을 소개하는 '뒷광고' 논란이 벌어진 후 "내 돈을 주고 내가 샀다"는 점을 강조하기 시작하며 자주 쓰이기 시작한 단어다.

각종 재화나 서비스를 구매하기 전 리뷰를 살펴보며 비교 분석하는 것은 소비자의 권리다. 리베인은 이 같은 상품 비교를 원활히 제공하기 위해 출시된 블록체인 기반 리뷰 플랫폼이다. 지난 2017년 8월에 개발됐으며 본사는 러시아 모스크바에 있다.

리베인은 이더리움 기반 플랫폼으로 상품에 대한 리뷰를 작성해준 유저에게 보상인 자체 토큰을 지급한다. 한 번 저장되면 되돌릴 수 없는 블록체인의 '불가역성' 기능을 활용해 리뷰 조작이나 삭제를 일체 막아두고 있다. 리뷰를 작성하는 유저의 투명성을 확인하기 위해 KYC(Know Your Customer, 고객 신원 확인)도 진행하고 있다.

리베인이 제공하는 리뷰 대상은 다양하다. 기업의 상품과 서비스는 물론 게임과 소비재, 심지어 암호화폐 프로젝트의 투자 가치까지 리뷰한다. 플랫폼에 작성된 리뷰는 리베인이 자체 개발한 리뷰 점검·검토 인공지능 시스템을 활용해 간단한 필터링을 거친다.

리베인 플랫폼에서는 두 가지의 암호화폐 REV와 RVN이 사용된다. REV는 공급이 제한된 토큰으로 거래소에서 거래 가능한 투자 용도로 활용된다. 반면 RVN은 플랫폼 내에서만 사용되는 달러 가치 고정형 스테이블 코인이다. 유저가 리뷰를 작성하면 RVN 토큰을 보상으로 지급받고 REV로 교환해서 현금화할 수 있다.

앞서 소개했던 팬텀(FTM)처럼 리뷰나 포스팅을 블록체인에 올려 자체 토큰을 제공한다는 토큰 이코노미는 실패한 전례들이 많다. 무엇보다 해당 플랫폼을 사용하는 사람이 많아야 토큰 가격이 오르는 유틸리티 토큰의 한계를 극복한 프로젝트는 거의 없는 상황이다.

사람들이 리뷰를 작성하는 이유는 보상이 아닌 '공감대 형성'에 있다. 보상에 의한 리뷰는 결국 '돈을 받고 작위적으로 쓰는 리뷰'라는 처음의 문제점으로 회귀하는 게 아닌지 의문이다.

2부
꼭 알아야 할
K코인 10

> 1
> # 은성수 코인
>
> 기술성: ★★★　　　사업성: ★★★
> 가격: Overweight(국내 최초, 세계 두 번째 기사 NFT로 소장 가치 매우 높음)

우리나라 최초의 보도기사를 바탕으로 만든 NFT이다. 디지털 자산 시장, 블록체인, IT 기술 전문 미디어인 블록미디어가 제작, 판매했다.

은성수 금융위원장은 2021년 4월 22일 국회정무위원회에 출석해 의원들로부터 가상자산 시장에 대한 질문을 받았다. 은 위원장은 2018년 1월 박상기 법무장관의 "암호화폐 거래소 폐쇄" 발언에 버금가는 폭탄 발언을 했다.

그는 "가상자산은 가치가 없으며, 여기에 투자하는 투자자들까지 보호할 수는 없다"고 말했다. "(청년들이 가상자산 투자라는) 잘못된 길을 가고 있으면 어른들이 말을 해줘야 한다"고까지 했다.

은 위원장의 시대착오적인 발언은 2030 청년들은 물론 정치권에도 공분을 불러일으켰다. 블록미디어는 은 위원장의 해당 발언을 취재한 기사 세 꼭지를 블록체인 네트워크에 영구 박제하기로 결정했다. NFT 플랫폼 오픈씨(OpenSea.io)에 '은성수 코인'으로 명명한 NFT 1개를 제작해 업로드했다. 은성수 코인은 발행 사실이 알려진 지 2시간 만에 1이더리움, 당시 시세 270만 원에 판매됐다. 은성수 코인의 최초 소장자 신원은 아직까지 알려지지 않고 있다.

은성수 코인은 우리나라 정책 당국자들이 디지털 자산 시장에 대해 얼마나 무지한지를 일깨우기 위한 목적으로 제작됐다. 2018년과 비교할 때 비약적으로 성장한 디지털 자산 시장을 3년 전 시각으로 바라보고 있는 금융 당국에 경종을 울리려는 취지다.

은성수 코인은 이더리움 네트워크가 존재하는 한 제거하거나 소멸시킬 수 없다. 앞으로 10년, 아니 3년 후 디지털 자산 시장이 현재보다 더 큰 규모로 발전했을 때 은 위원장의 당시 발언이 재조명되고, 정책 실기를 반성하는 계기가 되기를 기대한다.

언론사가 발행한 NFT는 세계적으로도 사례가 많지 않다. <뉴욕타임스>는 자사 칼럼 기사를, 시사매거진 <타임>은 표지 디자인을 NFT화했다. 보도기사가 블록체인 네트워크에 박제된 경우는

2009년 1월 비트코인 제네시스 블록에 영국 일간지 <더 타임>의 기사 제목이 들어간 이후 은성수 코인이 두 번째다. NFT 기술로 취재 기사를 박제한 것은 은성수 코인이 세계 최초다.

(출처: 블록 미디어 기사)

2
온더(Onther) TON

기술성: ★★★★　　사업성: ★★★
가격: Overweight(국내 블록체인 기자들이 좋아하는 프로젝트)

토카막 네트워크(Tokamak Network)는 국내 블록체인 기업 온더(Onther)가 개발한 플라즈마 프로젝트다. 플라즈마는 이더리움의 속도와 확장성을 제고하기 위한 기술이다. 토카막 네트워크는 '플라즈마 EVM(Plasma EVM)'이라는 기술을 활용해 이더리움 메인 체인과 연결돼 있다. 토카막 네트워크는 지난 2019년 3월 정식 공개 됐다.

토카막 네트워크는 이더리움과 거의 동일한 수준의 탈중앙성과 안전성을 보장한다는 평을 받고 있다. 특히 각각의 탈중앙화 애플리케이션(디앱)마다 필요한 요구 사항을 레이어2 솔루션을 통해 손쉽게 맞출 수 있어 개발 편의성을 높였다는 점이 특징으로 꼽힌다.

이더리움은 새로운 버전인 '이더리움 2.0' 출시를 앞두고 있다. 하지만 지금의 이더리움은 확장성이 부족하고 속도가 느리기 때문에 이런 문제를 해결해줄 확장성 솔루션이 필요하다. 이에 토카막 네트워크는 자체적인 개발력을 인정받아 약 390만 달러 규모의 투자금을 유치하기도 했다.

톤(TON)은 토카막 네트워크를 사용할 때 필요한 자체 토큰이다. 개발자가 토카막 네트워크를 활용해 이더리움 기반 디앱을 만들고 싶다면 일정량 이상의 TON을 플랫폼에 예치시켜야 한다. 일종의 보증금 형태로 생각하면 이해가 쉽다. 토카막 네트워크의 사용자가 많아질수록 TON 가격도 오르는 구조다.

토카막 네트워크는 이더리움을 만든 비탈릭 부테린이 '주목하는 프로젝트'로 꼽은 바 있어 국내 투자자들 사이에 인지도가 높다. 지난해 8월 암호화폐 거래소 업비트에 상장된 직후 TON 가격이 최대 1,400%가량 폭등하며 시장의 주목을 받기도 했다.

토카막 네트워크를 이끌고 있는 온더의 정순형 대표는 높은 블록체인 이해도와 확고한 사업 방향을 보유하고 있어 국내 커뮤니티에서도 손꼽히는 '믿을 맨'으로 통한다. 온더는 한국에서 제대로 된 블록체인 사업을 하는 몇 안 되는 프로젝트라고 해도 과언이 아니다.

3
아하(AHA) AHT

기술성: ★★★　　**사업성:** ★★★
가격: Neutral [우보천리(牛步千里)의 사업성]

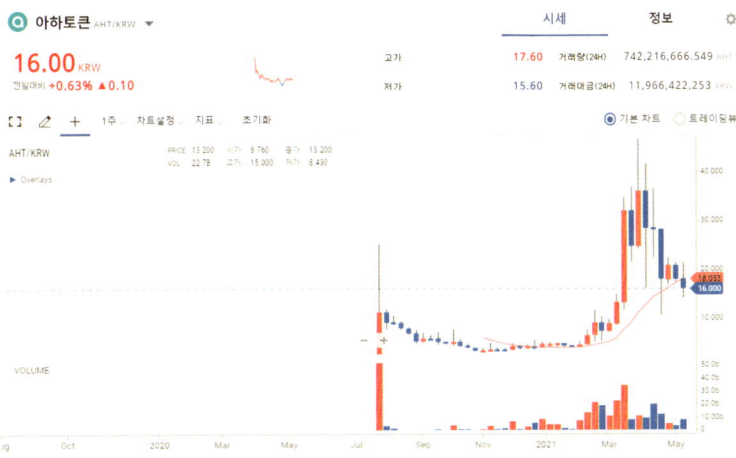

"궁금한 게 있다면 지식인에 물어보세요!"

'지식IN' 서비스는 여느 검색 엔진에 불과했던 네이버를 대한민국 대표 포털로 자리매김하게 만든 일등 공신으로 꼽힌다. 유튜브를 비롯한 영상 플랫폼이 활성화되기 전 많은 사람들은 지식IN을 통해 질문의 답을 찾아 나섰고, 지식인(人)들은 답변을 달아주는 대가로 일종의 포인트 형식인 '내공'을 받았다.

안타깝게도 내공은 아무리 쌓인다 한들 돈으로 바꿀 수는 없었다. 블록체인 기반 지식 커머스 플랫폼 '아하'는 이처럼 보상이 미미한 네이버 지식IN 서비스를 대체하기 위해 개발됐다. 지식을 공유해준 대가가 그저 명예에 그치지 않고 실질적인 이익을 가져다주길 바라는 마음에서다.

아하는 지식에 합당한 가치가 부여되고, 신뢰할 수 있는 양질의 지식 콘텐츠가 생산되며, 이를 자유롭게 공유할 수 있는 세상을 꿈꾼다. 이를 위해 아하는 좋은 질문을 하고, 좋은 답변을 하는 등 양질의 지식을 생산해내는 사용자들에게 아하 토큰(AHT)을 지급하고 있다.

2021년 1월에는 네이버 지식IN 엑스퍼트처럼 관련 분야의 인증된 전문가에게 상담을 받을 수 있는 '아하커넥츠'를 출시하기도 했다. 아하커넥츠는 법률, 세무, 회계, 인사/노무, 무역, 입시, 취업 등 다양한 분야의 전문가들과 일대일로 실시간 상담을 진행할 수 있는 플랫폼이다.

지난 2019년에 출시된 아하는 2년 만에 누적 회원 수 25만 명, 월 평균 방문자 수 150만 명, 월 평균 등록 Q&A 5만 개 등을 기록하며 꾸준히 성장하고 있다. 이러한 가치를 인정받아 DSC인베스트먼트(DSC Investment), 프라이머 사제 파트너스(Primer Sazze Partners)로부터 누적 투자금액 18억 원을 유치했다.

다른 암호화폐 프로젝트에 비해 폭발적인 성장 가능성은 미미한 편이다. 하지만 서비스 출시 이후 꾸준하게 유저가 늘고 있다는 점은 단순히 시장의 영향을 받아 토큰 가격이 급등하는 것보다 훨씬 유의미한 결과다. 아하는 느리지만 착실하게 성장하고 있다.

4
아로와나(Arowana) ARW

기술성: ★★　　　사업성: ★★

가격: Underweight(언제 무너질지 모르는 해변가의 모래성을 보는 느낌)

　암호화폐 투자의 가장 큰 매력은 가격 상승폭에 제한이 없다는 점일 것이다. 코인의 가격이 폭발적으로 오르는 현상을 두고 서양 커뮤니티에서는 '투 더 문(To the moon)'이라는 표현을 쓴다. 말 그대로 가격이 천장을 뚫고 달까지 닿았다는 의미다.

　그중에는 정도가 지나친 경우도 있다. 2021년 4월 한글과컴퓨터 계열사 한컴위드가 발행한 아로와나(ARW) 토큰은 상장 당일 1천 배 가까이 올랐다. 아무리 가격 상승폭에 제한이 없는 암호화폐 시장이라지만 1천 배 상승은 매우 드문 경우다.

아로와나 토큰을 발행한 아로와나테크(Arowana Tech)는 지난 2020년 8월 싱가포르에 설립된 가상자산 프로젝트다. 2020년 4월 한컴위드가 자회사 한컴싱가포르를 통해 지분 투자를 단행하며 국내 커뮤니티에는 '한컴 코인'으로 이름을 알렸다. 정확한 투자금액은 공개되지 않았다.

수많은 국내 코인 중 해당 페이지를 빌려 ARW를 소개하는 이유는 암호화폐 투자 시장의 부정적인 면을 단적으로 보여주는 사례이기 때문이다. 아로와나는 출범한 지 얼마 되지 않은 신생 프로젝트로 사업성이 충분히 검토되지 않은 상황이었지만 '한컴'이라는 인지도에 기댄 매수세에 힘입어 가격이 달까지 닿았다.

아로와나의 사업은 아직 눈에 띄는 결과물이 없다. 회사의 로드맵에 따르면 아로와나는 올해 ARW를 발행하고 디지털 바우처와 한컴페이를 출시할 것이라고 밝혔지만 해당 사업은 모두 제자리걸음이다. 구체적인 사업 내용도 공개되지 않았다. 사업의 진척도와 가능성에 비해 해당 토큰 가격이 지나치게 상승했다는 지적을 피하기 어려운 이유다.

무엇보다 ARW는 유통량이 상대적으로 적은 편에 속한다. 유통량이 적다는 것은 외부 세력에 의한 가격 등락폭이 크다는 의미다. 폭등한 코인 가격을 뒷받침해줄 상승 요인도 없거니와 가격 방어 가능성도 낮다. 이 같은 '묻지 마' 투자는 막대한 손실을 불러올 수 있다.

성공적인 투자를 위해선 FOMO(Fear of missing out, 소외 불안 증후군)

현상을 극복해야 한다. 더욱이 국내 프로젝트 투자의 경우 커뮤니티에 게재되는 단편적인 정보에 휩쓸려 떠밀리듯 투자하는 상황은 되도록 피해야 한다. ARW의 현재 가격을 뒷받침해주는 상승 요인은 부족한 편이다. 즉, 언제 떨어져도 이상할 게 없다는 의미다.

5
라인링크(LINK) LN

기술성: ★★★ (아직 사용처가 많지는 않으나 점차 블록체인 관련 기술 서비스를 내놓고 있다)
사업성: ★★ (사업이 일본에만 편중되어 있고, 국내 투자자들의 접근성이 너무 떨어진다)
가격: Underweight

라인링크는 지난 2018년 4월, 국내 포털 사이트 네이버의 메신저 자회사 라인이 출시한 암호화폐다. 심벌이 'LINK'라 체인링크와 헷갈리기 쉽지만, 엄연히 다른 암호화폐이다. 라인은 특이하게 다른 암호화폐 프로젝트들과는 달리 ICO를 진행하지 않고, 싱가포르에 비트박스(현재는 미국 진출을 위해 '비트프론트'로 이름을 바꿨다)라는 거래소를 만들어 링크 코인을 독점 상장했다. 발행량은 유저 보상용 8억 개, 예비용 2억 개로 총 10억 개다.

라인링크는 네이버 자회사 라인이 만들었지만 국내 시장보다는 해외, 특히 일본 시장을 집중적으로 공략했다. 2019년에는 일본 암호화폐협회 2곳에 가입하였고, 비트프론트 외에 일본에서 자체 거래소인 비트맥스를 만들어 코인을 상장했다. 라인링크는 국내 대기업 자회사가 직접 발행한 코인이라서 국내의 또 다른 IT 대기업 카카오의 자회사 그라운드X가 발행한 코인 클레이와 자주 비교된다.

클레이튼은 카카오라는 모회사를 등에 업고, 카카오톡 내 암호화폐 지갑 '클립' 출시를 시작으로 다양한 프로젝트를 포섭하며 영역을 넓히고 있다. 클레이튼 생태계는 국내 투자자들이 접근하기 편하고, 이미 게임 등 다양한 장르의 프로젝트를 포섭하고 있다는 장점이 있다.

반면 라인링크는 일본 시장을 중점으로 접근하고 있어 국내 사용자들은 이용하기 어렵다는 단점이 있다. 또한 디앱 유치 등에 소극적이라 현재까지 라인 블록체인에서 활성화된 프로젝트가 적다는 점도 꾸준히 비판받았다. 또한 국내 라인링크 투자자들은 링크가 네이버 라인이 자체적으로 만든 거래소 이외의 거래소 상장에 소극적이라는 점도 불만이다.

2020년 10월, 라인 블록체인은 게임, 노래방 등 8개 디앱을 런칭하는 등 조금씩 생태계를 확장하기 시작했다. 또한 같은 해 블록체인 개발자를 위한 자체 플랫폼과 비트맥스 월렛을 출시했다. 라인 블록체인은 아시아 등 세계 여러 중앙은행들과 중앙은행 디지털화폐(CBDC) 발행 플랫폼 역할을 맡기 위해 조율하고 있다고 사업 방향을 밝히기도 했다. 단, 구체적으로 어느 나라와 CBDC 사업을 진행하기 위해 논의 중인지는 밝히지 않았다.

2021년 4월 30일, 라인링크는 올해 계획을 밝혔다. 라인링크는 유동성을 확보하기 위해 더 많은 거래소에 상장하고, 파트너십을 확대해 결제 매체로 자리매김하겠다고 말했다. 또 대체 불가능한 토큰(NFT) 관련 서비스를 확장하겠다고 전했다.

6
페이코인(Paycoin) PCI

기술성: ★★★ (기존 사업 구조에 블록체인 기술을 결합한 정도로 별다른 특징은 없다)
사업성: ★★★★ (넓은 사용처, 많은 파트너십과 고객 수 등 김치코인 중 사업화가 잘된 편이다)
가격: Overweight

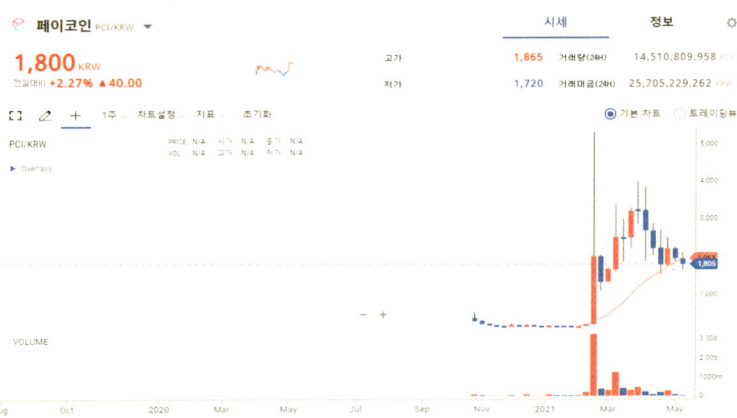

페이프로토콜은 2019년에 출시된 통합 결제 서비스업체 다날이 만든 블록체인 기반 암호화폐 결제 서비스이다. 페이코인은 페이프로토콜의 암호화폐다. 페이코인은 다날의 20년 노하우가 담긴 결제 시스템과 블록체인 기술의 결합을 통해 다양한 환경에서 이용 가능한 새로운 결제 수단을 제공하고자 한다. 또 높은 수수료, 느린 정산 주기 등 기존 결제 시장의 문제점을 개선하고 암호화폐 실물 결제 서비스의 대중화를 위해 노력하고 있다.

페이프로토콜은 리눅스 재단에서 만든 '하이퍼레저 패브릭(Hyperledger Fabric)'이라는 네트워크를 기반으로 만들어졌다. 이 네트워크는 기업용 블록체인 기술 개발을 위한 오픈소스 프로젝트이다. 페이프로토콜은 해당 기술을 이용했기 때문에 기업은 해당 기술을 이용해 자신의 사업에 맞는 상품을 만들 수 있다. 또한 거래 데이터를 비밀리에 보관, 관리할 수 있다.

다날은 페이코인 외에 다양한 가상자산 결제를 지원하고자 한다. 실제로 2021년 다날은 국내 기업 중 가장 먼저 비트코인 결제 서비스를 도입했다. 페이팔의 선례를 따른 것이다. 그 덕분에 페이코인은 2,000% 급등한 바 있다.

또 페이코인은 사용자의 결제 이력에 따라 그에 상응하는 보상을 제공해 사용자의 지속적인 플랫폼 이용을 유도한다. 또한 금융인프라가 낙후된 개발도상국 등 국가를 중심으로 별도의 인프라가 없어도 결제할 수 있는 솔루션을 제공한다. 다날은 페이코인의 가상자산 기반 결제 네트워크를 구축해 지급 결제를 비롯한 송금, 대출, 수탁 등 다양한 금융 서비스를 제공하는 게 목표다.

페이코인의 장점은 넓은 사용처이다. 페이코인으로 결제 가능한 상점은 6만여 개에 달한다. 소비자는 세븐일레븐, 도미노피자, KFC, 매드포갈릭 등에서 페이코인을 통해 음식값 등을 결제할 수 있다. 이 같은 폭넓은 사용처 덕분에 누적 이용자 수가 150만 명을 넘어섰으며, 누적 거래 건수는 100만 건을 돌파했다. 페이코인은 플레이댑 등과의 사업 제휴를 통해 NFT 등으로 사업 분야를 확장하고 있다. 코인원, 업비트 등의 거래소에서 구입할 수 있다.

7
위믹스(WEMIX) WE

기술성: ★★★ (기존 사업에 블록체인 기술과 암호화폐 시스템을 도입한 것뿐이다)
사업성: ★★★ (게임 히트작들이 있어 어느 정도 전망이 있어 보인다)
가격: Neutral

위믹스는 2020년 위메이드트리가 개발한 블록체인 기반 게임 생태계 플랫폼 및 암호화폐이다. 사용자들에게 지갑과 암호화폐, 거래 플랫폼 등을 제공하고 게임 아이템 거래소 역할도 한다. 위믹스는 기존 게임 플랫폼에 블록체인과 토큰 이코노미를 결합해 게임 내 자산 가치 보장과 사용자 친화적 서비스 제공, 개발자의 개발 환경을 개선하고자 한다.

위믹스는 자산 관리를 위해 블록체인을 결합한 구조로 설계됐다. 서비스 체인, 퍼블릭 체인, 브리지 체인으로 이뤄져 있다. 서비스 체인은 게임 디앱에서 발생하는 대규모 거래를 수행한다. 높은 확장성과 합리적인 가격으로 거래를 처리하도록 프라이빗 체인을 사용한다. 플랫폼상 게임과 사용자가 늘어날수록 병렬적으로 늘어나는 멀티 체인 구조이기 때문에 확장성 걱정이 없다는 게 위믹스의 주장이다. 퍼블릭 체인은 자산 관리 역할을 수행한다. 브리지 체인은 서비스 체인과 퍼블릭 체인에 존재하는 자산 거래와 전송을 담당한다.

위믹스 운영사인 위메이드트리의 모회사 위메이드는 20년 이상의 글로벌 게임 개발 경력을 갖고 있다. 또한 '미르의 전설' 같은 히트작들을 통해 전 세계 6억 명 이상의 사용자를 확보하고 있다. 10개 이상의 회사가 위믹스에 자본을 투자하기도 했다. 또 위믹스 측은 기존 게임 플레이어에게 익숙한 사용자 경험을 제공하는 낮은 진입 장벽을 갖고 있다고 말한다. 사용자들은 지갑 만들기, 계정 활성화, 게임 연결 등 복잡한 단계를 거치지 않고 구글 이메일 인증만으로 쉽게 게임을 시작할 수 있다.

위믹스는 2021년에 특히 더 주목을 받았다. 첫째, 카카오의 클레이튼과 손잡고 대세가 된 게임 NFT 사업에 진출하기로 발표했기 때문이다. 둘째, 위메이드가 국내 대형 암호화폐 거래소 빗썸 인수전에 참전했기 때문이다. 그 영향으로 한때 위믹스 가격이 급등했다. 위메이드 측은 빗썸 인수전 참전에 대해 "자세한 입장은 밝힐 수 없다"며 선을 그었다. 그러나 업계에서는 위메이드가 넥슨과 함께 빗썸 인수전에서 적극적인 태도를 보이며 경쟁하고 있다고 보고 있다.

  그렇기 때문에 향후 위믹스의 가격에는 빗썸 인수전의 결과가 상당히 많은 영향을 미칠 것이다. 일각에서는 위메이드의 부실한 경영 실적을 근거로 위메이드가 빗썸을 인수하기는 힘들 것이라고 예상하고 있다. 위믹스 투자에 주의해야 하는 이유이기도 하다. 위믹스는 빗썸, 비키 거래소에서 구입할 수 있다.

8
밀크(MiL.K) MLK

기술성: ★★★   사업성: ★★★★
가격: Overweight (파트너사를 지속적으로 확보하고 있는 점에서 눈여겨볼 만하다)

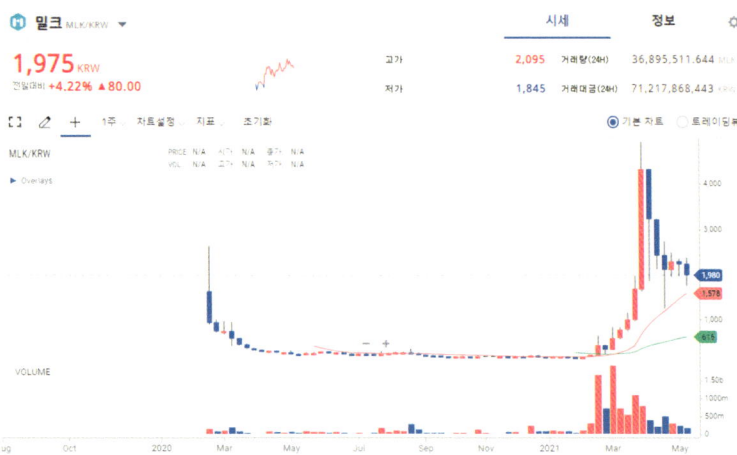

'밀크'는 블록체인 기반 포인트 통합 플랫폼이다. 플랫폼에서 쓰이는 암호화폐 밀크(MLK)가 있다.

파트너사의 포인트를 밀크 코인으로 바꾸는 게 서비스의 주요 콘셉트다. 여기저기 흩어져 있는 포인트를 암호화폐 밀크 코인으로 통합하고, 밀크 코인은 거래소에서 현금화하거나 또 다른 파트너사의 서비스에서 사용할 수 있다.

밀크는 초반에 '야놀자' 관련 코인으로 알려지며 인기를 모았다.

글로벌 여행·여가 플랫폼 야놀자를 초기 파트너사로 두면서 서비스를 연동한 것이다. 이후 신세계인터넷면세점, 여행 사이트 트라발라닷컴, 도서문화상품권을 발행하는 한국페이즈서비스 등을 제휴사로 확보했다.

단순히 파트너사의 포인트를 밀크 코인으로 교환하는 것 외에도, 밀크 코인 자체를 쓸 수 있는 활용처도 생기고 있다. 밀크 운영사 밀크파트너스는 밀크 코인으로 다양한 모바일 쿠폰을 구매할 수 있는 '짜잔마트'와 스테이킹(예치)형 리워드 이벤트 '밀크팩' 등도 출시한 상태다.

각기 다른 서비스에 흩어져 있는 포인트를 블록체인 기술로 통합한다는 콘셉트 자체가 좋으므로 파트너사를 많이 늘리면 앞으로 밀크 코인에 대한 수요도 증가할 전망이다.

서비스 초기에는 상장 전 밀크 코인에 투자한 프라이빗 투자자들이 시장에서 물량을 매도하면서 가격이 계속 하락한 바 있다. 하지만 이 같은 문제가 어느 정도 해결되었기 때문에 앞으로는 파트너사를 확보하는 것에 따라 밀크 코인의 가격도 상승할 수 있는 여지가 있다. 밀크 운영사는 파트너사를 지속적으로 확보해 나간다는 방침이다.

9
보라(Bora) BORA

기술성: ★★★   **사업성:** ★★★★
가격: Neutral (메타버스에 어떻게 진입할지가 관심. 아직은 중립적으로 보는 게 좋을 듯)

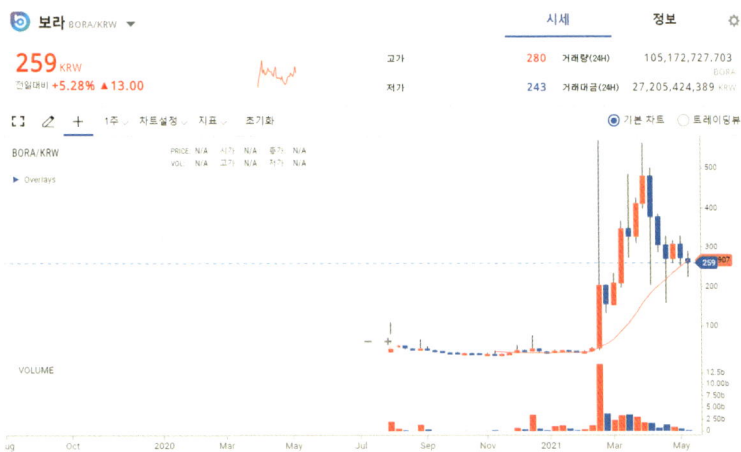

보라는 블록체인 기반 디지털 콘텐츠 플랫폼이다. 주요 콘텐츠는 게임이다. 보라 블록체인을 기반으로 게임을 개발하는 경우가 많은데, 게임사들과 파트너십을 체결하며 IP를 확보해 보라 기반 버전으로 개발하기도 한다.

대표적인 서비스가 'With BORA'와 'For BORA'다. 보라 개발사 웨이투빗(Way2Bit)은 보라 계정 ID로 게임을 플레이할 수 있는 'With BORA' 서비스를 제공하고 있다. 보라 암호화폐인 BORA 토큰을 획득하고 사용할 수 있는 'For BORA' 버전 게임도 함께 개발한다.

최근에는 메타버스로 영역을 넓혔다. 메타버스는 3차원 가상 세계를 의미한다. 메타버스 내에서 사용자는 자신만의 아바타를 만들어 소통하고, 문화 및 경제활동을 할 수 있다. Z세대 사이에서 인기를 끌면서 최근 전 세계적으로 최대 화두가 됐다.

현재 보라는 다양한 기업들과 파트너십을 체결하며 블록체인 기반 메타버스를 개발하고 있다. 더 샌드박스, 디센트럴랜드 등 이미 블록체인 기반 메타버스가 있기는 하지만 메타버스 시장은 아직 잠재력이 큰 시장이다. 지금 개발을 시작하더라도 충분히 자리 잡을 수 있다는 얘기다.

따라서 보라 프로젝트에서는 메타버스 관련 사업 성과를 기대해볼 만하다. 해당 메타버스에서 암호화폐 보라(BORA)가 쓰일 가능성이 높다. 이런 경우 보라의 가격도 상승하겠지만, 이는 추후 메타버스 개발 상황을 보고 판단해야 한다. 보라 개발사 웨이투빗의 최대 주주가 카카오게임즈인 만큼 관련 협업도 기대할 수 있으며, 협업이 없더라도 개발사의 신뢰도만큼은 확보된 상태다.

10
썸씽(SOMESING) SSX

기술성: ★★★ **사업성:** ★★★★

가격: Neutral (블록체인 기반 앱 중 이용자가 많은 편. 썸씽의 이용자가 더 늘어나야 암호화폐 가격도 오를 듯)

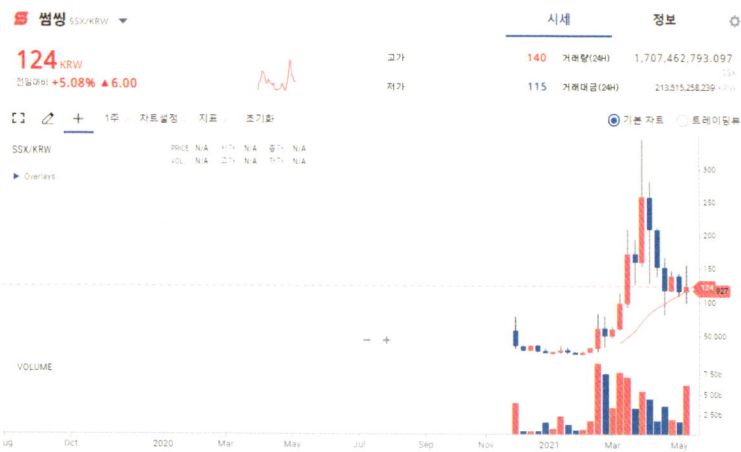

블록체인 기반 노래방 앱이다. 크리에이터들은 서비스 내에서 노래를 부르면 다른 회원들로부터 후원이나 선물을 받을 수 있다. 이때 서비스 내 유틸리티 토큰이자 암호화폐인 썸씽(SSX)이 쓰인다.

좀 더 정확히 살펴보자면, 노래 콘텐츠는 일정 기간 동안 게시되고 그 기간 동안 콘텐츠에 대한 반응이 썸씽 토큰으로 적립된다. 적립된 토큰의 50%는 창작자에게, 20%는 초기 후원자들에게 분배

되고 나머지 30%는 썸씽 팀에 귀속돼 운영비로 쓰인다. 따라서 썸씽 팀이 지속적으로 서비스를 운영할 수 있게 된다.

주식 시장에 코로나19 수혜주가 있다면, 가상자산 시장에는 썸씽이 있다. 코로나19 확산으로 현실 세계의 노래방을 이용하기 어려워지면서 썸씽의 사용자 수가 크게 늘었다. 자연히 썸씽 토큰도 많이 쓰이게 됐는데, 이 같은 성장세가 코로나19 이후에도 이어질지 지켜봐야 한다.

카카오의 퍼블릭 블록체인 플랫폼 '클레이튼'을 사용하는 서비스이지만 일본 진출을 위해 라인 블록체인을 사용하겠다는 계획을 밝히기도 했다. 이것 역시 확인해야 할 부분이다.

저자 소개

최창환
블록미디어 창업자이자 프로메타 투자연구소 소장

경제 전문 기자로 명성을 날렸으며 2000년 우리나라 최초의 인터넷 미디어 〈이데일리〉를 창간했다. 기술 발전이 시장에 어떤 영향을 주는지가 늘 관심 대상이다. 2017년에는 블록체인 기술과 비트코인이 글로벌 금융시장의 문제점을 해결할 것이라는 생각으로 전문 매체 〈블록미디어〉를 만들었다. 지금은 부설 프로메타 투자연구소에서 디지털 자산에 대한 연구, 강의, 저술 등을 하고 있다.

박현영
디지털데일리 기자

사회생활 시작 이후 모든 경력이 블록체인 전문 기자인 이 바닥의 '고인 물'. 원래 꿈이 기자여서 대학교 내 언론고시반에서 언론사 입사를 준비하다 경제매체 기자가 되는 '흔한 루트'를 밟았다. 그런데 기자가 된 시점이 하필 2017년 말 암호화폐 광풍이 몰아치던 시기. 사내에 암호화폐 시장 전담 기자가 없어서 신입임에도 얼떨결에 그 분야를 떠맡았게 되었다. 멋모르고 맡은 건데 너무 꽂혀버려서 〈서울경제신문〉이 만든 블록체인 매체 〈디센터〉로 이직했다. 지금도 IT 전문 매체에서 블록체인 기사를 쓰고 있다. 암호화폐 시장에서의 한 달은 1년 같고, 1년이 10년 같기에 가끔 '고인 물'이라는 소리를 듣지만 아직도 공부할 게 너무 많아서 버거운 상태다.

강주현
블록미디어 기자

어릴 때부터 글쟁이가 되고 싶어서 여기저기 기웃거리다 현재는 언론인인 부모님의 길을 따라 기자를 하고 있다. 전공은 가족복지이지만 무시하고 다른 길을 가는 중. 작가가 되고 싶어서 드라마, 소설, 연극, 웹툰, 뮤지컬, 예능 등에 다 한 발씩 걸쳐보았다. 아는 감독님을 따라서 멋모르고 시작한 비트코인 방송을 계기로 블록체인, 암호화폐 업계 기자가 되었다. 맨땅에 헤딩해보면서 업계가 어떻게 돌아가고 있는지, 투자자들에게 필요한 게 뭔지 하나씩 배우고 있는 중이다. 트렌디하면서도 깊이 있는 기사를 쓰기 위해 열심히 다리를 찢고 있다.

조재석
팍스넷뉴스 기자

전자공학, 영문학, 문예창작, 블록체인, 증권으로 적을 옮겨 다니는 돌연변이. 우연히 대학교 학보사에 발을 들였다가 얼떨결에 기자 생활이 시작되었다. 친구의 아버지가 암호화폐 다단계에 사기당하는 모습을 보며 기자로서 해야 할 일이 무엇인가를 알게 되었다. 사기 코인 구분하는 법으로 유튜브를 찍었다가 칭찬과 욕을 동시에 듣기도 했다. 여의도에서 금융, 투자 관련 기사를 쓰고 있지만, 마음은 블록체인과 암호화폐의 성지인 테헤란로에 곧잘 가 있는 편이다.

안전한 암호화폐 투자 가이드
인생을 바꿔줄 핫코인 100

초판 1쇄 발행 2021년 6월 15일

지은이	최창환 박현영 강주현 조재석
펴낸이	이혜경
펴낸곳	브레드&
출판등록	2014년 4월 7일 제300-2014-102호
주소	서울시 종로구 새문안로 92 광화문 오피시아 1717호
전화	(02) 735-9515
팩스	(02) 6499-9518
전자우편	nikebooks@naver.com
블로그	nikebooks.co.kr
페이스북	www.facebook.com/nikebooks
인스타그램	www.instagram.com/nike_books

Copyright ⓒ 최창환·박현영·강주현·조재석
이 책의 내용을 이용하려면 반드시 저작권자와 니케북스의
서면 동의를 받아야 합니다.

ISBN 979-11-89722-41-8 (03320)

• 브레드&은 니케북스의 경제·경영 브랜드입니다.
• 책값은 뒤표지에 있습니다.
• 잘못된 책은 구입한 서점에서 바꿔 드립니다.